商业新闻出版公司和轻松读文化事业有限公司提供内容支持

抢人才

拔好萝卜埋对坑

轻松读大师项目部　编

中国言文出版社

图书在版编目（CIP）数据

抢人才：拔好萝卜埋对坑：大字版/轻松读大师项目部编.—北京：中国盲文出版社，2018.3

ISBN 978-7-5002-8078-1

Ⅰ.①抢… Ⅱ.①轻… Ⅲ.①企业竞争—人才竞争—研究 Ⅳ.①F272.92

中国版本图书馆 CIP 数据核字（2017）第 253998 号

本书由轻松读文化事业有限公司授权出版

抢人才——拔好萝卜埋对坑

编　　者：轻松读大师项目部
出版发行：中国盲文出版社
社　　址：北京市西城区太平街甲 6 号
邮政编码：100050
印　　刷：北京新华印刷有限公司
经　　销：新华书店
开　　本：787×1092　1/16
字　　数：60 千字
印　　张：9.5
版　　次：2018 年 3 月第 1 版　2018 年 3 月第 1 次印刷
书　　号：ISBN 978-7-5002-8078-1/F·180
定　　价：34.00 元
销售热线：（010）83190297　83190289　83190292

出版前言

数字文明为我们求知问道、拓展格局带来空前便利，同时也使我们深受信息过剩、知识爆炸的困扰。面对海量信息，闭目塞听、望洋兴叹固非良策，不分主次、照单全收更无可能。时代快速变化，竞争不断升级，要想克服本领恐慌，防止无知而盲、少知而迷，需尽可能将主流社会的最新智力成果内化于心、外化于行，如此才能更好地顺应时代，提高成功概率。为使读者精准快速地把握分散在万千书卷中的新理念、新策略、新创意、新方法，我们组织编写了这套“好书精读丛书”。

这套书旨在帮助读者提高阅读质量和效率。我们依托海内外相关知识服务机构十多年的持续积累，博观约取，从经济管理、创业创新、投资理财、营销创意、人际沟通、名企分析等方面选取数百种与时俱进又经世致用的好书分类整合，凝练出版。它们或传播现代经管新知，或讲授实用营销技巧，或聚焦创新创业，或分析成功者要素组合，真知云集，灼见荟萃。期待这些凝聚着当代经济社会管理创新创意亮点的好书，能为提升您的学识见解和能力建设提供优质有效便捷的阅读资源。

聚焦对最新知识的深度加工和闪光点提炼是这套书的突出特点。每本书集中解读 4 种主题相关的代表性好书，以“要点整理”“5 分钟摘要”“主题看板”“关键词解读”“轻松读大师”等栏目精炼呈现各书核心观点，崇真尚实，化繁为简，您可利用各种碎片化时间在赏心悦目中取其精髓。常读常新，明辨笃行，您一定会悟得更深更透，做得更好更快。

好书不厌百回读，熟读深思子自知。作为精准知识服务的一次尝试，我们期待能帮您开启高效率的阅读。让我们一起成长和超越！

目 录

人力资源是企业发展甚至是国家未来竞争的关键要素。在许多企业里，人力资源是最重要但最没有被充分利用的资产。因此，大多数公司其实都有潜力大幅提高执行战略的效率，公司经营绩效也会随之提升。而且，能够创造最高利润的方法就是提高人力的绩效表现。但无论是人力绩效的提升还是公司利润的增长，这些都不是唾手可得的。

开发有效方法，让组织能够运用所有内部成员的集体才智，比舍近求远去挖掘才华出众的高手要重要得多。事实上，开发先进的人才招募方法，并不一定能让你轻松打赢人才战争。表现优异的企业反而会努力打造“以人为中心”的组织，让每一位员工都能时时贡献出自己最佳的能力。因此，优秀企业会用全部心力，让现有员工整体的创造力、热情与才能完全释放出来，并且善加利用。

每个企业都拥有“人力”，但是很少有企业真正用心去开发“才力”，也就是让组织里每个重要职位都能有合适的人才。优秀人才对组织任何层级来说都极为重要。员工素质的好坏，可以决定企业的成败，也可以决定企业表现是平凡还是卓越。

对企业而言，高级经理人或重要员工突如其来、毫无预警的离职已经是见怪不怪的事情。“关键员工离职时，下一步我们该怎么办”也成为人力资源部门甚至是整个企业最头疼的问题。因此，通过接班人管理制度，组织可以培养一批优秀的人才，以应对高级管理人才或重要员工离职跳槽的突发挑战。

怎么找出 A 级人才

How to Find Talent

原著作者简介

马克·休斯理德（Mark Huselid），美国罗格斯大学人力资源管理学教授。他毕业于加州州立大学、堪萨斯大学及纽约州立大学，擅长分析人力管理、绩效管理系统、策略执行和企业绩效之间的关联性。他还是《人力资源计分卡》一书的作者之一。

布莱恩·贝克尔（Brian Becker），纽约州立大学人力资源学教授。贝克尔擅长的领域是人力资源制度、策略执行和企业绩效之间的关联性。贝克尔和休斯理德同为《人力资源计分卡》一书的作者。

理查德·贝蒂（Richard Beatty），美国罗格斯大学人力资源管理学教授，同时任职于密歇根大学高级主管教育中心，擅长的研究方向是人力资源策略和人力绩效。贝蒂是《绩效评价估量》与《人力资源管理》两书的作者。

本文编译：陈芬兰

主要内容

主题看板

人力相关概念

人力资源

“人力资源”是企业发展甚至是国家未来竞争的关键要素。台湾地区的人力资源原来一直受到国际企业肯定，却在近几年被视为是台湾地区经济发展的隐患。李远哲就曾经指出，台湾地区人力资源有“高出低进”的趋势——中高级人才跟随企业外移，同时却引进了大量的廉价外籍劳动力。“美国商会”在2005年针对台湾地区发布的文件中，明确建议设立跨层级的“人力资源小组”，全面检讨人力资源“政策”与“法规”，排除台湾地区竞争力提升的障碍。解决人力资源短缺问题，吸引海外人才以及构建吸引人才的环境，已经成为学术界与企业界的共识。

照顾外来人才家眷的生活，是科技企业常用

来吸引并留住人才的方法，最著名的例子就是宏碁的“渴望园区”，“渴望园区”结合了工业与住宅功能，用途包括标杆学院、员工宿舍、住宅区等。另一个例子，就是奇美电子在南部科学园区（简称南科）的“日本村”。奇美电子在数年前开始投入大尺寸 TFT 面板的生产，需要大量的日本工程师到台湾地区来做技术支持。为了解决日籍人士的生活及子女教育问题，奇美董事长许文龙决定兴建日语幼儿园、日文学校以及日式住宅区，建设生活机能完整的“日本村”。许文龙曾说：“TFT 最重要的是技术，技术在人的头脑里。我把这些人拉来台湾地区，决定设一个‘日本村’，让他们从吃、住、安全到教育，都能安枕无忧。”随着奇美将之前并购的日本 IDT 卖给新力，“日本村”也已经改由南科管理局规划，计划成立“国际村”，以吸引来自全球各地的优秀人才。

人力资源部门

在传统企业主的观念里，“人力资源部门”的工作常和“人事”的行政事务画上等号。随着管理观念的转变，将人力视为资本的概念才逐渐受到重视，“人力资源”一词也因此成为经济管理的热门用语。

20世纪60年代，人事工作就是行政工作，通常隶属于总务部门，无法在组织中发挥作用。20世纪70年代，因为电子业、纺织业兴起而产生大量女性劳工需求与人员流动，人事工作开始独立组成“人事室”，主要工作是办理“招聘”与“离退”。20世纪80年代，外商企业的引入开启了设置“人力资源管理部”的风潮，人事管理工作也逐渐扩展到“培训”、“薪资”、“福利”与“绩效”管理上。20世纪90年代，由于引进外籍劳动力，“跨国人事管理”成为人事工作的一部分，“人力资源管理部”的设置成为常态。21世纪，组织再造、并购、外包的风气兴盛，人力资源部门从行政后勤转换成“战略伙伴”的角色，直接对不同的部门以及部门主管提供服务，成为顾客需求导向的“人力资源服务部门”。如今，人力资源部员工的工作地点已不是仅仅在人力资源部门的办公室了，还会派驻到其他部门或作为“人力资源顾问代表”去其他单位提供专业咨询服务。

5分钟摘要

现代企业面临的挑战

现代企业的成功越来越倚重无形资产的绩效。然而在大多数企业中，人力资源是最重要但绩效最差的资产。

为了让员工能贡献他们最大的努力，企业必须突破3项挑战：

（1）观念上的挑战——要从员工能有多少潜能、可以创造多少价值的角度来看待员工，而不应该把员工看成是一项成本，并且尽可能压低这项支出。

（2）绩效评估标准的挑战——采用能够展现员工进步程度的绩效考评标准，取代传统只设立几项绩效标杆来评价员工表现的绩效考核方式。

（3）落实执行的挑战——员工素质和工作绩效是业务部门经理和人力资源部门人员共同的

责任。

面对上述挑战，只有单一战略是不够的，企业需要 3 种不同的战略，以及 3 种对应的计分卡，用来衡量各个战略的成效。

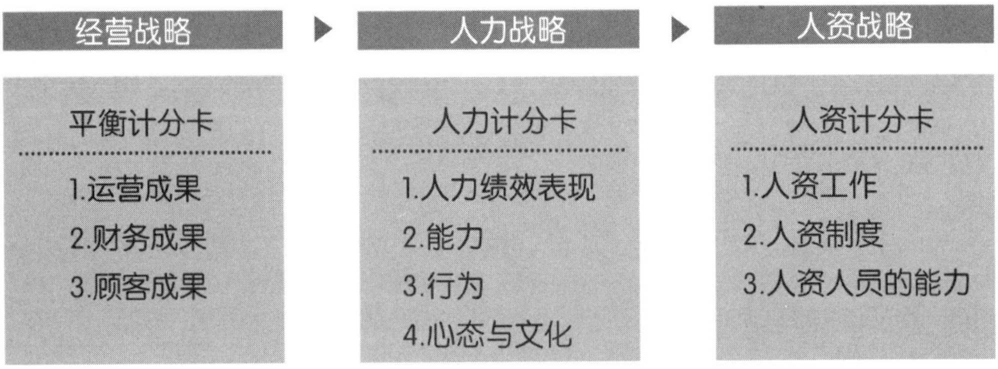

在现代高度竞争的经济环境中，如果无法创造理想的人力绩效，将会对企业生存构成直接的威胁。

一　观念上的挑战

成功的企业必须使自己在市场上和其他竞争者有所区分。同样地，如果想要完成公司最重要的目标，就必须对不同员工采取不同的人力策略。如果将员工视为公司资产，A级员工所受的待遇就必须有别于C级员工，就像公司其他资产一样，人力资产也必须受到重视，并且有效运用。

关键问题在于，所有经理人是否都确实了解员工的能力和行为会如何推动公司战略的执行？

为了克服观念上的挑战，企业必须做好下图中的两件重要事情：

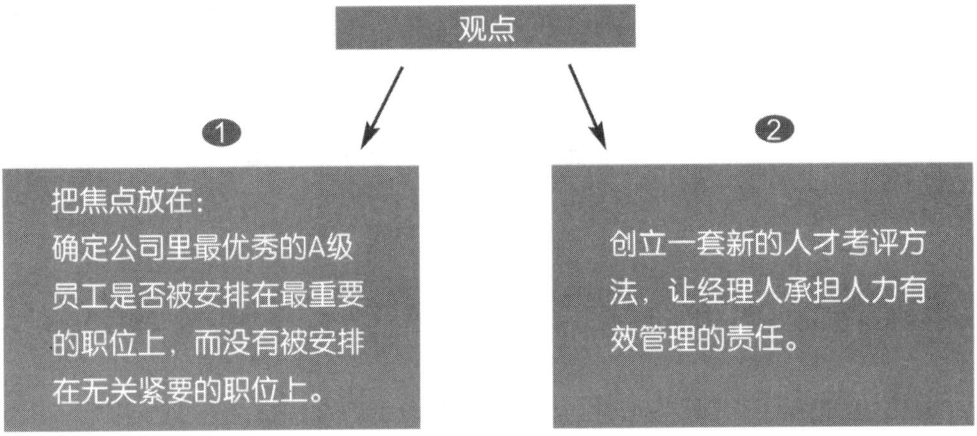

让A级人员位居A级职位，是一件很重要的事。事实上，这在人力资源工作上通常横跨3个不同层级：

（1）第一个层级——公司采用一般人力资源的最佳工作范例与策略。公司开发一套人力资源管理制度，用来筛选、培训、奖惩、激励员工。这个层级可以为公司的人力资源管理奠定良好的基础，但作用也仅止于此。

（2）第二个层级——公司开始试图区别核心员工的心态和工作情形。换言之，公司雇用、培训、奖励那些具备公司核心商业战略技能的员工。任何人力措施都要符合公司的经营策略。

（3）第三个层级——公司开始量身定制自己

的人力战略。人力战略和特定经营绩效驱动因素之间要有明显的关联。不同等级的员工要差别对待，这样才能推动策略执行。

在人力管理方面，大多数企业都强调齐头并进式的管理，而不强调个别差异，管理的重心往往放在公司统一适用的人力管理办法上，而不是针对不同等级的员工量身定制不同的管理方式。结果，表现优秀的员工通常觉得自己受到的奖励太少，因此有可能选择离职；而表现不佳的员工却相对得到过多报偿，不想要离职。长此以往，会导致人力绩效与战略执行力双双下滑。

接下来企业必须做的第二件事，就是开发一套新的绩效考评标准，以提升企业执行人力战略的能力。就日常事务来说，人力战略要执行得更好，取决于两项要素：

（1）搞清楚公司里哪些职位和角色是对战略及经营绩效有较大影响力的，并协助经理人将最优秀的人才安排在这些职位上，再考核经理人对人事安排的执行效果。

（2）追踪公司对这些重要职位的人员究竟付出了多少投资，而且要逐步增加对这些人员的投资，同时减少对其他人的投资。

人力资源部门的人员必须和经理人合作，打造差异化的人力资源管理方法。按照下表，可以更明确地说明差异化管理的不同做法。

一般做法	差异化人力管理做法
首席执行官想尽办法要把人力资源部门对公司获利的贡献量化。	人力资源部门绩效的评定，取决于他们是不是能够发掘、培养A级人员，并将A级人员安排在A级职位。
没有考评员工能力的方法。	人力资源部门会提供有多少A级人员位于A级职位的相关资料，以及针对每个人设计的培养计划。
人力资源部门会按照整体薪资预算计划来工作。	针对每个A级人员设计人性化的奖励办法，然后由人力资源部门统一整理。
大部分的注意力放在一般人力管理公认最好的做法上。	人力资源部门工作的设计，都是以战略性、差异化为目标。
人力资源部门把大量时间用于救助C级人员。	人力资源部门大部分资源都用于发掘、培训、奖励和留住A级人员。
人力资源部门致力于让公司成为员工最想进入的企业。	人力资源部门致力于使每一位员工成为公司最想争取的人员。
人力文化的发展是偶然形成的，是公司价值宣言的间接产物。	人力文化是精心发展下的产物，以求与公司的战略和品牌一致。

关键思维

招揽优秀人才担任重要职务，是公司竞争优势的来源，若是没有这样的人才，反而会成为决策执行的障碍。

差异化是经营策略的核心，同样也是人力管理的核心。判断公司的部分人员是否确实具备成为策略性“资产”的潜力，只有一种方法——人力绩效表现。就像任何其他策略性资产，人力绩效表现也必须根据正确的判断来评价。

——马克·休斯理德　布莱恩·贝克尔
理查德·贝蒂

二 绩效考评标准的挑战

人力计分卡是用来评价员工运用公司设定的商业战略创造出多少价值的评价测量工具。人力计分卡必须将员工的能力、行为、心态和绩效结合在一起。一套实用、有价值的人力计分卡，应该是公司战略下的直接产物，而不是人为外部强加在企业组织之上的。人力考评的方法，应该采取由外而内或从客户的角度来评判，而不应该从人力资源的角度、由内而外生成。

主要问题在于：我们是不是已经正确找出评价人力绩效表现的最佳方法，以及各评价项目间的关联性，包括员工的能力、行为表现和心态的评价项目等。

有非常多的人力要素是可以拿来当作评价项目的。

人力计分卡要具备实用价值，所选用的评价标准就必须符合 4 项不同准则：

（1）计分卡必须实用可行——必须有实际可以评价而且可以搜集到的资料，不能靠凭空猜测。

（2）计分卡必须让公司各层级员工都容易理解——这样员工才知道计分卡实际运作的情形，并且才会按要求改变自己的行为。

（3）计分卡必须能为采取某些应对行动提供依据——也就是说，经理人必须能够运用计分卡来改善主要的工作流程。

（4）计分卡应该依据实际调查结果，以确定考核项目确实足以反映上下层级的绩效，然后把上下层级的绩效相互对照考虑——低层员工的绩效可以向上追溯到上层主管的管理绩效。

从概念上看，有效的人力计分卡有 4 个要素，每个要素都会对特定管理层面的关键问题提供答案。如下图所示：

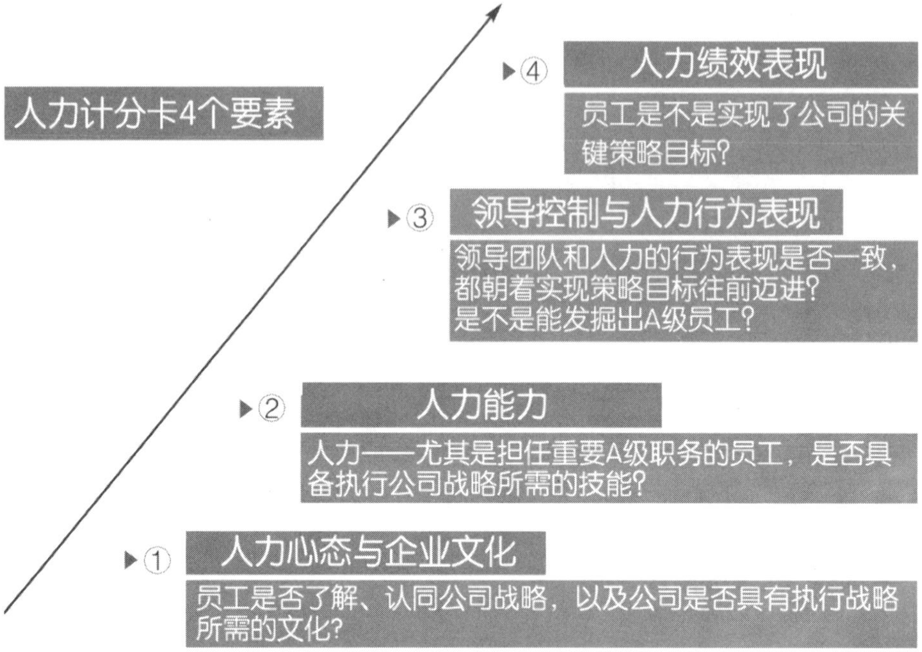

人力心态与企业文化——这点之所以重要，是因为员工的心态和企业文化会影响每一个人的行为表现。要能够执行公司的优先战略，每个人都必须了解公司期望他们怎么做。在这部分必须评价的是，每位员工对公司的运营模式，以及他们应该扮演的角色究竟了解多少。

人力能力——显示人员能够实现的成果。有能力但缺乏激励，终会让员工一事无成。同样地，如果员工受到高度激励，但缺乏必要的基本技能，也是枉然。企业要拥有适当的能力与适当的激励才能成功，并超越同行，实现理想。

领导控制与人力行为表现——评价考核员工的行为表现是否符合实现关键目标的需要。经理人尤其必须清楚员工应该做什么，否则将会对实际效果产生很大的负面影响。

人力绩效表现——特别要注意员工是不是充分执行公司的战略。实际上，员工是不是能有杰出的表现，往往取决于公司最大、获利最高的客户。如果能够为这些客户提供最重要的产品或服务，就是充分执行了公司的战略；如果做不到，所有的努力都将徒劳无功。

要想在市场中胜出，公司必须在以上4个领域都有优异的表现，只做好其中一两项是不够的。企业必须有正确的文化和心态，发展并持续提升所需的能力，引导A级员工发挥最大的生产力，并达到最佳经营成果。除此之外，这个过程是有步骤的，企业领导者无法直接掌控最后的结果，必须靠发掘、培养能够促使公司成功实现目标的人才。

另外请注意，还有很多评价考核标准可以纳入人力计分卡，不过应该从公司特定经营战略的角度来挑选有用的评价考核方法。

要取得成效，人力计分卡所评价考核的项目，必须和某些特定的人力资源评价考核与行动方案密切协调，以确保实现公司的目标。有效的人力资源计分卡，会把公司的优先商业战略纳入进来，并且加以整合。人力资源部门的人员要负责设计特定的人力资源策略，但执行的工作要平均分配到人力资源部门和各部门经理的身上。除非两者都密切参与，否则不会有好的效果。

人力计分卡范例

① 人力心态与企业文化

- ■有多少比例的员工了解公司运营模式与主要经营策略
- ■有多少比例的员工表明将致力于完成公司战略
- ■有多少比例的员工目前具备执行公司战略所需的技能
- ■有多少比例的员工目前正在接受培训以取得必要的工作技能
- ■有多少比例的员工认为公司的文化可以支持他们执行公司战略
- ■管理高层与人资部门所传达的信息是不是够一致、够清楚
- ■公司的文化能够支援A级人员到什么程度，又能够提供多少机会让优秀人员展现能力
- ■员工究竟能够取得多少信息，为获得更好决策品质与更有效追踪绩效所需的经营信息（包括即时绩效数据）

② 人力能力

- ■有多少比例的员工被认定为A级人员
- ■目前有多少比例的B级人员可以进步成为A级人员
- ■A级人员依绩效发放的奖金占他全部薪酬的平均百分比
- ■有多少比例的A级人员有机会分得股票选择权
- ■上个会计年度有多少比例的A级人员分得红利
- ■有多少比例的预算是用于培训A级人员
- ■判定一下，组织中若有任何高层职位空缺，究竟能有多少合格的人选可以接任
- ■A、B、C各级人员的流失率
- ■员工有多少机会可以接触到能够提升专业技能的工作

④ 人力绩效表现

- ■各期平均市场占有率
- ■与竞争对手相较之下的产品价格溢价
- ■有多少比例的销售会产生客户投诉
- ■客户再购买的意愿
- ■这个会计年度推出了多少和其他竞争对手不同的新产品
- ■有多少比例的客户对公司的产品与服务表示满意
- ■这个会计年度新增加了多少比例的股东人数
- ■订单准时出货的比率
- ■有多少比例的收益是由新客户而不是老顾客所创造的
- ■品牌知名度
- ■新产品从提出概念到首次出货所需研发时间减少的百分比
- ■A级客户的荷包占有率

③ 领导控制与人力行为表现

- ■历次领导能力调查的平均分数
- ■有多少比例的高层主管是积级参与知识分享与培训课程的
- ■评价团队效率表现的指标产生了哪些变化
- ■评估公司是不是能够有效地留住最佳的A级人员
- ■评估C级人员的离职率
- ■一段长时间内绩效考核评比的平均变化
- ■有多少比例的员工达到客户满意度的目标
- ■有多少比例的员工具备目前工作以外的技能与经验
- ■客户满意度关键指标有多大幅度的改善
- ■有多少员工提出调职的要求

关键思维

企业所采用的人力资源管理策略和工作方式，正是这家公司用来执行战略和实现财务目标的重要手段之一。我们的调查显示，长久屹立不倒的成功企业，为了执行战略，企业内部都会设计出一套自己的人力资源管理策略和工作方式。盲目抄袭其他公司的“最佳范例”，往往会以失败收场。绩效欠佳的公司一般会采用比较普通的人力资源管理方式，而且往往是对公司全体成员统一适用。

为了工作上的需要，人力资源部门的工作必须采取各项工作相互支持的方式。也就是说，光是通过招募、选才或薪酬就想要实现预期的人力成效，这是不够的。所有的人资计划和行动方案，都必须共同塑造公司所期望的员工行为表现。人资的工作方式以及传达给员工的信息，都必须前后一致，并且有助于实现期望的结果。

任何组织，都有非常多的人力要素是可以拿来评价考核人力素质的。所以设立数百项不同的评价考核标准，也不为过。这些标准有些很有用，有些无关紧要，还有一些反而会对有效执行战略产生反效果。要找出合适的评价考核标准，经理人需要两种机制：第一种是协助他们了解，哪些类型的人力评价考核标准能够真正影响战略执行；第二种是协助他们了解，如何在全公司开发、落实这些评价考核标准。这些机制很重要，因为如果我们没有真正了解自己在评价考核什么，没有设计出可以显示“什么原因造成了什么结果”的分析模型，最后我们就只能得到一连串毫不相干的评价考核标准，而不是可以协助执行战略的全方位评价考核系统。人力计分卡给管理团队提供了一项工具，可以用来说明战略执行的过程。

——马克·休斯理德　布莱恩·贝克尔
理查德·贝蒂

三　落实执行的挑战

所谓有效执行，是指将人力计分卡评价考核融入日常管理决策之中。设计一套有效的人力计分卡十分有用，但前提是经理人必须了解各项考核标准，并善于用这些考核标准来协助自己作出更好的人力资源管理决策，这样计分卡才能真正发挥效用。经理人必须把考核的各项标准当成实际工作的工具，才能提升决策的质量。

主要问题在于：是不是所有经理人都有充分的渠道可以取得人力计分卡的相关资料，并使这些资料可以实际用于传达目标及监控进度？

要有效执行战略，公司领导者、员工和人力资源部之间必须建立起伙伴关系。如果这三者和谐运作，公司就能将竞争优势发挥到极致。但是在实际工作中，这种情形非常少见。

简言之，要在市场中胜出，企业必须具备下列 3 项要素：

经营战略 ▶ 人力战略 ▶ 人资战略

经营战略是公司的竞争优势，这是一种外在的差异。人力战略是指公司会如何运用内部资源来实现预期的竞争优势。公司战略有赖于员工去执行，因此为了达到最大效果，公司的经营战略、人力战略和人资战略必须方向一致，并且整合充分。

为了成功执行战略，领导者和员工必须共同承担资源分配和运用的责任。这种责任制度需要有下列 3 个要件：

战略 ▶ 评价 ▶ 结果

每一项战略都应该明确将要采用哪些评价考核标准，这样才能显示出战略的进度。而在这些评价考核标准所列项目中有优良表现的人员，应该要获得相应的好处。有许多公司，因为这 3 项要件和最终成果之间缺乏一致性，而造成公司绩效达不到预期。

要有效执行人力战略，各个层级必须扮演更为广泛的新角色。

1. **首席执行官的角色**

首席执行官必须跟主管团队以及董事会成员定期召开战略研讨会议。会议中应该明确经营战略与人力战略，不要流于战术运用的讨论。管理高层要明确说明公司将会如何在企业内部及外部展现自己，这点非常重要。

首席执行官必须协调、设定绩效目标。这样每位团队成员才知道自己应该完成哪些目标，以及将如何评价考核他们的成果。每个成员都必须清楚知道公司的客户、经营流程以及人力期望等各个层面。

首席执行官必须与人力资源部门沟通协调，并且具体说明团队成员必须完成哪些目标，公司才能执行战略。首席执行官和人力主管必须共同讨论清楚对人力的期望是什么、未来人力必须具备什么条件，以及确保 A 级职位不会空缺的接班人计划等。

2. **主管团队的角色**

主管团队必须全力打造经营战略以及人力战略，这样人力资源才会觉得要为决策负责任、要为长期的成果负责。有效率的主管团队会充分参与讨论如何塑造及打造企业的重要战略。

主管团队要挑选出公司里的 A 级职位，并且具体说明在这些职位上工作的人必须具有哪些资质和能力，才能使公司在目标市场中胜出。接下来，主管团队必须将这些期望和要求传达给员工，让每位员工都清楚知道公司的要求。

主管团队要挑出公司所有 A 级员工以及有潜力成为 A 级员工的 B 级员工，然后为每位 A 级和 B 级员工量身定制培养计划。这些计划必须经过讨论并制作成书面文件，否则计划就会在公司的日常运营中被淹没。每份培养计划都必须详细列出该采取什么做法，才能提升员工个人工作表现并满足组织目前以及未来的绩效要求。

主管团队接着要将上述发展计划列成预期绩效的细目，放入他们向高层汇报的报告中。如此一来，公司领导者就能够直接参与到人力开发决策中。把人力资源开发计划跟绩效相挂钩，并且使其占有重要的地位，这样就能传达一个信号：战略要执行成功，必须在人力上不断变革。强化了这样的认知，就会产生庞大的后续效益与影响。

3. 部门经理的角色

部门经理必须负责在自己管辖的范围内创造合适的人力文化，这种文化应该有助于提升战略执行的成功率，而不是妨碍战略执行。这是部门经理的重要责任之一。

部门经理必须认清自己是部门领导者，并对自己的行为与领导能力负责。领导者应该是引导别人去完成工作，而不应事必躬亲。领导者也必须擅长用完备的人力资源工作方式，鼓励下属执行公司的经营战略。

部门经理必须明确绩效要求，并向每位下属详细说明这些要求。每位员工必须知道公司对他们的要求、他们目前的绩效表现如何，以及他们必须怎么做才能提升未来绩效。

部门经理必须执行管理决策，并确定员工都了解经营战略，也知道该如何执行这些战略。

4. **员工的角色**

员工必须从外界或者客户的角度来了解自己的业务，这样他们就会知道怎样做才能更有效地执行公司的战略。这样做不仅可以使员工保住自己的饭碗，也可以使员工更加了解市场状况。员工必须不断思考如何把工作做好、才能深入了解客户的想法，并搜集能让自己与公司整体表现更为完美的市场资料。要做到这一点，可以让客户到公司与员工直接接触，或者鼓励员工走出去服务客户，这两种方式都可以把市场的实际状况带给生产线的员工。

员工必须知道，自己得不断提升能力并且增加新技能，才能在不断进化的市场中保有竞争力。个人能力的提升是在市场中维持竞争优势的必要条件，也是提供长期工作保障的必要条件。领导者固然可以鼓励员工提高技术和能力，但最终还得靠员工自己下决心去做可以提高能力的事情。

员工必须知道，人人都要为自己的行为负责，也必须了解个人表现会影响执行结果，所以应该让员工知道，他们的表现有什么样的评价。一旦他们有杰出的表现，就必须给他们相应的报酬和奖励。同样，表现不佳也应该承担后果。这样一来，领导者便能落实公司的人力文化，不致使其流于空谈。把公司的要求说清楚，就能够区分员工表现的好坏。实际上，给表现杰出的员工的奖励越丰厚，激励效果就越好。

5. 人力资源部门的角色

人力资源部门必须和首席执行官以及主管团队合作，共同塑造公司的经营战略和人力哲学。所有说明、协调、记录以及后续执行工作，人力资源部的人员都必须全程参与讨论。

人力资源部门必须传达人力哲学和经营战略，让部门经理及员工了解。人力资源部门的人员必须和大家共同研究制定出可以反映员工绩效表现的评价考核方法。

人力资源部门必须制定必要的绩效评价考核指标以及奖励机制，管理者可以用这些指标、制度来发掘、奖励 A 级员工。

人力资源部门必须设计出完善的 A、B、C 级人员追踪系统，这样就可以赋予经理人责任，去开发人力资源以及考核员工表现。人力资源部门应该制定绩效分类的准则，并且教会经理人如何实际运用。

人力资源部门必须协助经理人执行棘手的人

事决策，如提供温和的方法让C级员工离职，包括适当的通知程序、评价考核程序等等。

人力资源部门必须定期调查公司员工的心态及企业文化是否已形成，从而提供给经理人一些统计数据，让经理人知道自己是不是有效创造出了公司所需的文化，这些评价考核绩效的数据都可能有助于追踪管理措施的有效性。

人力资源部门必须给员工提供工作指南，并协助员工学习新技能。也就是说，人力资源部门必须开发培训方案，并发放给员工，让员工可以借此提高自己的能力。通过这种方式，员工能够对自己的职业生涯发展负起责任，并且逐渐成为公司越来越有价值的员工。工作轮岗也应该是培训计划的一环，不同的岗位可以提供不同的学习及成长机会。

关键思维

让各个部门或个人对经营成果负责，这就

是在执行公司的战略。公司需要有方向，也需要有评价考核办法来追踪各个业务进度。个人则需要有赏罚分明的结果，不论成功或失败，都可以帮助他们吸取这次的经验或教训，然后有所收获。领导者的挑战，就在于建立负责任的企业文化。

企业能不能成功执行公司的战略，一个重要的因素就在于，公司内部能不能创造出负责任的组织文化。首席执行官和主管团队必须决定公司的战略、品牌诉求以及要怎么把公司和产品在市场上呈现。每一位部门经理都应该对他直接下属的文化与心态负责任。人力资源部门扮演的角色，就在于提供有用的工具及技巧来管理员工，确保公司可以实现目标。执行人力战略是人力资源部门和部门主管共同的责任。

人力资源部门的评价考核对象，就是影响公司执行战略成效的员工。因此人力评价的各项标准，都是针对会对平衡计分卡产生影响的员工心态、能力与行为而设计的，并且能帮助员工创造优异的绩效表现。因此人力资源部门的所有工作方式都应该符合实现人力绩效表现的需要，并且以人力绩效表现的评价考核标准来衡量员工努力的成效。人力资源部门的工作必须能够帮助公司成功操作运营模式，同时领导者也必须对人力的绩效表现负起责任。因为领导者和人力资源部门一样，也会影响员工执行战略的成效。缺乏共同负责的机制，便无法有效执行战略。

要执行有关人力方面的战略，部门经理和人力资源部的人员必须建立新的伙伴关系，双方都应该把注意力放在同一套评价考核标准上。执行战略不能光靠组织高层单独完成，部门经理和人力资源部门对员工心态和能力也有一定的影响。设立有效的人力评价考核标准，可以促使战略性的人力决策产生，这类战略性决策可以明显影响公司战略执行的成效。面对的挑战是要充分运用所有资源，有效地执行战略。

要做到这一点，部门经理和人力资源部的人员都是关键的因素。

——马克·休斯理德　布莱恩·贝克尔
理查德·贝蒂

四　成功清单

只要能通过人力计分卡发展过程中的 3 个挑战，就表示组织确实成功地执行了人力计分卡的管理方案。

挑战 1 ——观点上的挑战

首席执行官期望公司的高级主管、部门经理以及人力资源主管，都能够清楚地说明人力绩效表现对公司成功执行策略会产生什么样的影响。

首席执行官选定特定的人力绩效表现评价考核标准，然后责成高级主管负责执行绩效评价考核。

首席执行官和高级主管要了解差异化人力策略的重要性，并且能够说明如何执行这些人力策略，以及如何评价考核执行结果。

公司的高级主管以及部门经理，会和人资主管建立伙伴关系，双方将共同致力于招聘、培养并且留住能够帮助公司发展的顶尖人才。

高级主管、部门经理和人资主管将共同负责提升人力绩效表现和设立策略性绩效激励措施。

人力资源主管会把比较多的注意力放在能引领公司未来成功的领先指标上，而不是把精力放在落后指标上。

挑战2——评价考核标准的挑战

高级主管会把重点放在评价考核标准的几个关键项目上，也会让组织里的每位成员都知道，追踪这些评估项目的重要性。

公司会及时评价、考核、管理这些评价考核项目，不会等到事后才追踪管理。

公司将会根据自己独特的需求设立独特的人力评价考核标准，不会直接引用外部的标杆做法，比如业界最佳的做法。

企业评价考核的标准会随需要不断调整，所

以目前经理人所重视的人力评价考核标准，会和5年前大家通用的标准大不相同。

每一项人力评价考核标准的价值，将取决于人力绩效表现和经营成果之间实际的关联，而不是彼此之间预期的关联。

企业所采用的评价考核标准会反映出公司是不是对A级职位上的A级人员，投入了和其他等级人员不同的成本。

挑战3——执行上的挑战

人力资源部门在招聘人员时，就要辨别出哪些人有潜力成为A级人员，哪些人有可能沦为C级人员。

人力资源部门开始会采用通过公司整体表现进行评价考核绩效的方法，来评价考核自己部门的工作成果，而不会单看自己部门的表现。

人力资源部门将会持续根据执行战略来营造共同思维，而不是认为大家的思维模式自然就会一致。

人力资源部门会安排适当的人力配置，使自己在扮演各部门合作伙伴与有效履行人资相关服务之间取得平衡。

公司战略性的人力评价考核标准将由一组人员专门负责和协调，不是心血来潮随意指派人员负责。

高级主管、部门经理以及人力主管会认为，评价考核制度是值得大家努力付诸实施的。

关键思维

在许多企业，人力资源表现是最重要但最没有被充分利用的资产。因此，大多数公司都有潜力可以大幅改善执行战略的效能，公司经营绩效也会随之提升。而且，能够创造最高利润的管理方法，就是提高人力绩效表现。但无论是人力绩效的提升还是公司利润的增长，这些都不是唾手可得的。如果可以轻易做到，那么大多数组织应该早就已经做到了。

人力计分卡是战略执行的重要方法。员工绩效表现通常是直接或间接推动公司战略成功的。高层主管通常没有多少工具可以用来评价考核员工绩效表现的，只能责成部门经理对员工绩效表现负起责任。事实上，许多公司对于存货或厂房设备有非常详尽的资料，但对于自己员工的相关信息却知之甚少，而员工信息却是推动战略成功的关键因素之一。人力计分卡的设计，就是为了解决这个问题。

许多公司从错误的角度来实施人力资源管理，结果拖累了财务绩效。许多公司不是把重点放在如何通过员工绩效表现来执行公司战略，反而将控制成本列为第一位，而且往往都是从人力资源部门开始下手。许多公司，人力资源部门的花费只占公司总运营成本的1%。相比较之下，员工成本费用就大得多，通常占总运营成本的60%至70%。因此，改善人力绩效，就可以为大多数公司创造大幅改善运营绩效的机会。想想看，如果可以将员工执行公司战略所需的技能、积极性以及专注力提升25%或是更多，将会对公司整体绩效产生多大的效益。人力计分卡就是要为提高公司绩效提供一张“路线图”。

——马克·休斯理德　布莱恩·贝克尔

理查德·贝蒂

找人才不必踏破铁鞋

Hidden Value

原著作者简介

查尔斯·奥赖利三世（Charles O'Reilly Ⅲ），毕业于德州大学埃尔帕索分校与加州大学伯克利分校，现为斯坦福大学企业管理研究所人力资源与组织行为专业教授。曾任教于哈佛大学商学院、加州大学伯克利分校与洛杉矶分校，并且担任许多不同行业的企业顾问。他发表了八十余篇论文，并合著有《勇于创新：组织的改造与重生》一书。

杰弗瑞·普费弗（Jeffrey Pfeffer），毕业于卡内基美隆大学与斯坦福大学，现为斯坦福大学企业管理研究所组织行为学专业教授。除了在许多大学授课外，普费弗也在企业主管研讨会上担任主讲人，并且担任多家企业的董事。他著有《知与行的落差：聪明的公司如何将知识变成行动》与《人力竞争优势》等6本著作。

本文编译：曾渲菁

主要内容

主题看板

成功企业的做法

以人为中心

20 世纪 90 年代初期，“以人为中心”的管理文化开始在西方盛行，强调尊重员工、提升员工工作热情，并且尽可能满足员工的合理需求，激发员工的工作积极性与创造性。“以人为中心”的管理文化，要求经理人必须营造出良好的工作环境，鼓励员工自我监督、自我提升，并且发挥个人特长。具体来说，“以人为中心”的管理，必须让组织成员产生以下共识：以组织成就为荣；工作量稳定，不会临时要求加班；与高级主管沟通顺畅，并且了解组织未来的发展方向；遇到顾客、工作或是环境等问题时，不会感到受挫；组织会以客观、合理的标准，评价考核自己的工作表现；薪资能够准确反映自己的生产力等。

曾经多次获得台湾地区“最佳雇主”的安捷伦科技，秉持“优秀员工，造就最佳雇主”的信念，除了福利制度好得让大多数上班族眼红（弹性工时、购房优惠、购车基金、子女学费补助、健康体检、每年10天可无限期顺延的带薪病假等），更以完善的员工培训（新进员工培训、管理人员培训、网上培训），具有挑战性与成长性的工作规划，通畅的升迁渠道（专业经理人90%由内部晋升），开放的沟通环境（员工可以找任何一位主管商谈）等策略，成为安捷伦员工口中实至名归的“最佳雇主”。值得注意的是，安捷伦科技公司在2003年获选“最佳雇主”之前，分别于2001年与2002年刚进行过两波减薪，虽因业务减缩不得不裁员，但种种“以人为中心”的管理措施，还是让安捷伦科技公司塑造出员工3个S的敬业精神：一是乐于宣传（Say），愿意主动对顾客和亲友宣扬公司优点；二是乐于留下

(Stay)，强烈想留在这家公司；三是乐于奋斗(Strive)，愿意贡献更多心力，协助公司实现目标。

伯乐奖金

沃顿商学院一项研究报告指出，由员工推荐求职者，可以让企业获得常规面试较难获得的信息，也可以让企业与求职者彼此有更深入的认识。此外，新进员工与朋友共事，能够获得情感支持，因此工作起来比较愉悦，效率也比较高。因此，在台湾地区有不少外资企业，拿出重金推动员工推荐制度，例如甲骨文公司在台湾地区分公司的200名员工里，就有60%是通过员工推荐的，员工推荐一名人才奖金达6万新台币，推荐部门主管的奖金更高达9万新台币。为了避免员工贪图奖金乱推荐人才，奖金发放通常会分成2～3个阶段，分别在刚报到时、试用期满时，以及服务届满一定年限时发放，借此保证人才的能力和品质。

5分钟摘要

打造“以人为中心”的企业

制订有效方法，使组织能够运用所有内部成员的集体才智，比舍近求远去挖掘才华出众的高手要重要得多。

事实上，制订先进的人才招募方法，并不一定能让你轻松打赢人才战争。表现优异的企业反而会努力打造“以人为中心”的组织，让每一位员工都能时时贡献出自己最佳的能力。因此，优秀企业会用全部心力，让现有员工整体的创造力、热情与才能完全释放出来，并且善加利用。

“以人为中心”的企业能够把所有员工都变成绩效高手。运用价值导向的管理制度，并且让制度符合员工需求，这样才能够为企业带来长期成功。经理人必须亲自推动，才能让这套流程顺利运作，不能只是在一旁监督。

目前，有越来越多的企业把“智慧资本”当作维持公司竞争优势的核心。随着企业对这项资本越来越重视，怎么运用公司所有员工的集体努力，以及怎么让每一位员工发挥最大潜能，就成为重要的经营要务。

打造与培养“以人为中心”的企业，是未来发展的必然趋势。

一　管理上的两个谜题

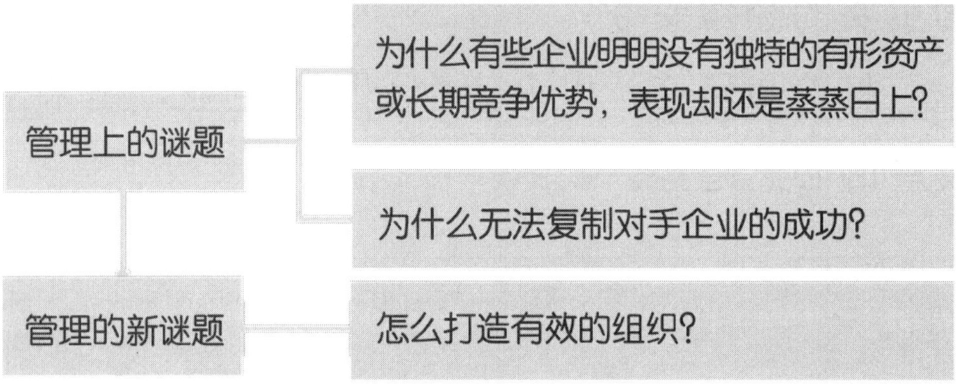

换句话说，企业成功的关键，究竟是适当的人，还是合适的组织？

过去的观念，企业往往会把“吸引最顶尖的人才”当作通往成功的法宝。在这种思维模式之下，只要雇用了才智过人的人才，他们自然会想出最好的办法完成所有工作。这些人才的表现也会超越能力比较差的员工。因此，你雇用的人能力越强，组织长期下来的表现就会越好。

然而实际上，许多表现优异的企业，雇用的

员工与竞争企业雇用的员工并没有高下之分。这些企业能够领先对手的原因，不在于成功吸引到顶尖人才，而在于找到了合适的方法，使组织成员能够随时发挥最大潜能。由于这些企业能够让现有员工的聪明才智释放出来，并且懂得善加利用，从而使这些企业更容易招募并且留住新进优秀员工。

“宁可打造有效的组织，不必吸引适当人才”，这种观念如果真的那么重要，为什么大家还是拼命想要打赢人才战争？以下是可能的原因：

（1）大家都知道，人的平均年龄在不断上升。因此，企业自然就会假设，争夺人才在未来会日趋白热化。

（2）跟组织表现比起来，杰出人才的成就更能吸引财经媒体报道。

（3）各种管理风潮不断涌现，是过去20年广受瞩目的现象。运用顶尖人才的概念，刚好是下一波管理风潮流行的主角。

(4)“改善组织管理，让组织能够整合所有成员的能力。”这个观念，听起来好像有点太简单，但如果真的这么容易做到，那么各个组织不早就这么做了吗？

不过，成功的关键不只是在“知”，而是在“行”。成功企业的做法就像是常识一样，人人都能理解。然而，切实执行自己的做法，才是这些企业的成功之道，也是许多企业仿效不成的原因。这就是为什么有些经理人即便深谙其中道理，却还是很少能够做到。但是，只要组织能够成功落实，而不只是纸上谈兵，就会获得出乎意料的成果。

如果组织接受“宁可打造有效的组织，不必吸引适当人才”的观念，我们就可以把上述管理上的谜题改成：“怎么打造有效的组织？”

关键思维

会让我在夜里辗转难眠的事情，那就是公司的无形资产；竞争对手最难模仿的，也是无形资产。如果公司丧失了团队精神、企业文化以及企业精神这些无形资产，就等于失去了最宝贵的竞争资产。

“员工、顾客、股东，谁最重要?”这个问题在过去是企业的难题，对我来说却从来不是问题，因为员工最重要。只要员工开心、满意、投入又有干劲，自然就会从心底里关心顾客；只要顾客满意，自然就会再次光临，最后股东也就会满意。

——贺伯·凯勒赫，美国西南航空首席执行官

二　谜底

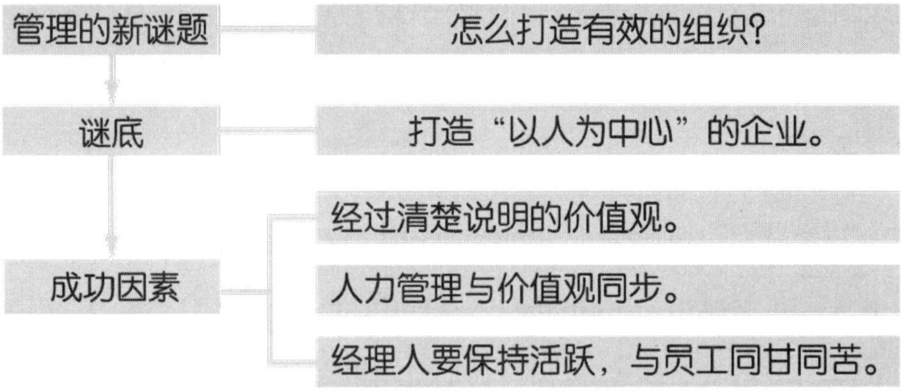

打造有效组织的关键，其实非常简单，简单到许多人往往忽视这个浅显的道理，反而会去寻找更复杂的方法。这个关键就是，打造“以人为中心”的企业。

成功企业能够有效进行管理，不只是因为这些企业可以有效管理员工，也是因为这些企业重视公司的价值观，并且能够让战略、员工与价值观同步。“与企业价值观同步”这么简单的道理，怎么可能是从高科技行业到传统行业、从制造业到服务业，统统都适用呢？其中一个原因就是，“与企业价值观同步”并不容易做到。让战略和管理措施与企业价值观同步，也许并不难懂，说起来也很容易，但是要实际执行却非常困难。企业如果重视价值观，并且努力使组织与企业价值观同步，就能培养出企业竞争力和竞争优势。

从战略层面来看，上述观念既不合常理又很极端。大多数企业都是先制订战略，再确定管理目标。我们用下图说明：

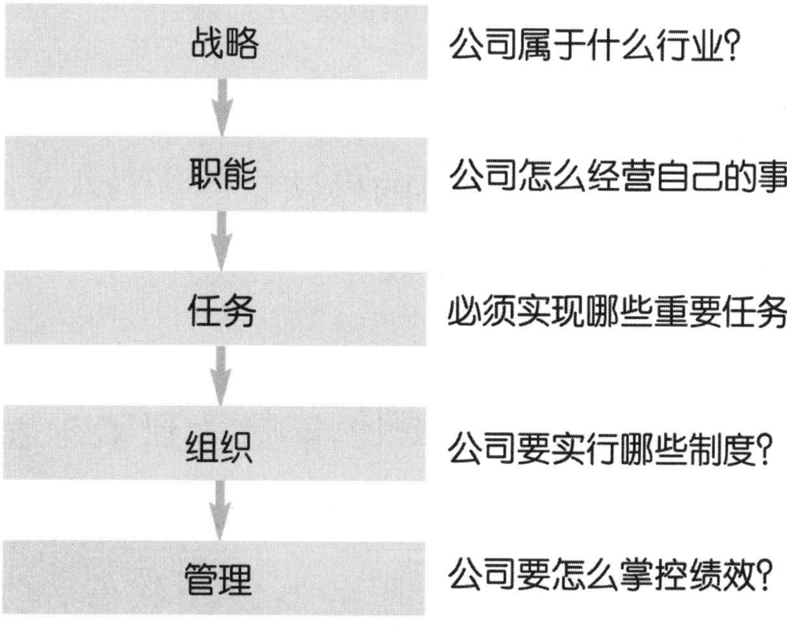

相对来说，“以人为中心”的企业会采取价

值观导向的做法来规划并制订战略。我们再用下图说明：

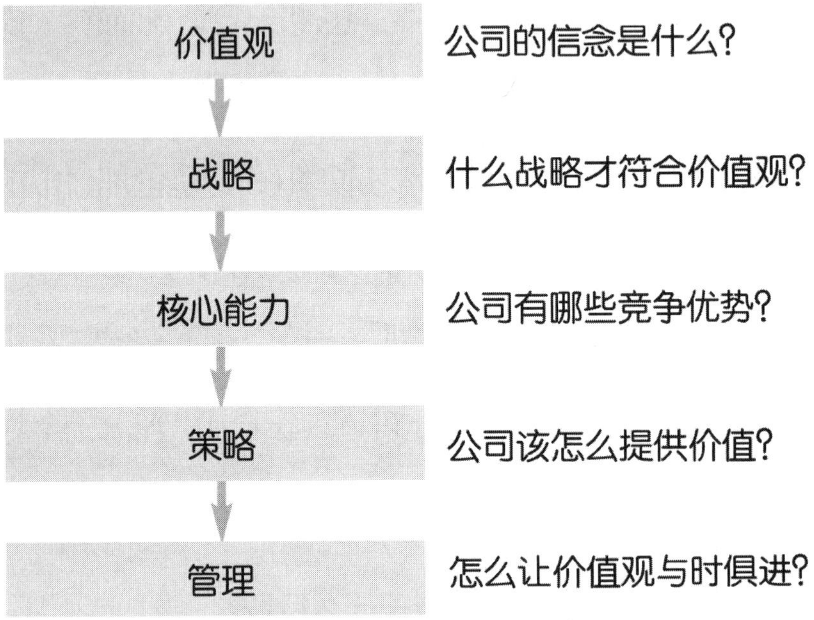

总之，要打造“以人为中心”的企业，最好的方法就是采取价值观导向的做法。

个案研究　思科系统公司

（1）简介。

思科的市值在成立的第 12 年就达到了 1000 亿美元，比微软还快 8 年。该公司产品包括各类型网络的路由器、交换器、服务器以及软件，尤其是互联网的相关产品。

（2）主要经营哲学与价值观。

◎致力于协助思科顾客成功。

◎创新、学习，不能有“不是思科所创，就视如无价值产品”的心态。

◎积极建立伙伴关系。

◎团队合作。

◎以少做多。

（3）主要的人力管理措施。

◎让员工建立“我也是老板”的观念，培养员工对公司的忠诚度。思科的员工都十分在乎公司股价涨跌的状况，而且做任何事情都会从企业的角度去思考。

◎思科持续通过官方网站招募员工，求职者只要花10分钟，就可以填写完网络简历。此外，只要思科员工推荐的求职者被公司录用，推荐人就可以得到500美元到1000美元不等的“伯乐奖金”。

◎该公司设计了快速上手的培训课程，协助

新进员工快速进入状态并且发挥作用。

◎思科每3个月会举行一次员工大会，跟大家沟通组织未来的方向。

◎思科所有员工都享有股票选择权。每位经理人的薪资，都会随顾客满意度调查的结果变动。员工只要有突出的服务表现，就可以立即获得奖金，奖金可能高达5000美元。

（4）成功经验。

◎思科之所以能够成功，是因为该公司能够倾听顾客的需求，提供顾客指定的技术与设备，不是只提供思科自己创新发明的技术。基本上，顾客得到的是自己想要的产品，而不是思科想要卖给顾客的产品。因此，只要市面上出现了顾客认为更好的科技，思科会非常乐意地暂时放弃自己开发的技术。

◎大家都很熟悉思科靠并购成长的战略，这项战略之所以能够奏效，主要是因为思科的企业文化不仅强大有力，而且朝气蓬勃。

◎思科落实企业文化与价值观的方式非常独特，竞争对手难以企及，而且公司制度、措施与领导者的作为，也都能与公司价值观同步。因此，思科不论是与外界的公开往来，还是与内部员工或与合作伙伴的互动，都能符合公司的价值观。

根据研究，“以人为中心”的企业在运营上有3项共同特质。

1. 经过清楚说明的价值观

在“以人为中心”的企业里，价值观最重要，甚至比股价还重要。那么，怎样运用价值观呢？

用价值观鼓励员工积极主动，也就是让员工有权利去做有建设性、符合企业价值观的事情。

把树立企业价值观当作组织的重点，让组织可以全心培养独特的核心能力。

把价值观当作试金石，让组织在面对各种问题以及需要抉择的时候，能够有所依据。

把价值观当作招聘的基础条件，筛选出价值观相近的员工。

个案研究　男性服饰屋

（1）简介。

男性服饰屋是全美最大的平价订制西服的零售商，旗下有超过430家分店、6000名员工，1999年的营业额超过10亿美元。该公司是由乔治·济莫于1973年在德克萨斯州创办的。

（2）主要经营哲学与价值观。

◎人类还有很多潜能有待开发，公司会全力协助每位员工，把自己的最大潜能发挥出来。

◎员工忠诚度与顾客忠诚度息息相关。只要能建立其中一方的忠诚度，另一方的忠诚度自然会随之上升。

◎团队合作是最有效的工作方式。

（3）主要的人力管理措施。

◎该公司在每家分店配置的员工人数，高于竞争对手。这使得该公司能够为顾客提供极佳的服务，同时降低员工的离职率。

◎薪资结构包括底薪、业绩奖金（服装顾问享有的奖金）或各分店的团体奖金（销售人员、出纳等员工共享的奖金）。

◎店长必须参与销售，这使店长能够保持第一手的销售经验。

◎采取内部升迁的方式，并且持续提供员工在职培训，协助员工顺利升迁（所有培训课程都是由一线经理与高级主管负责）。

◎公司鼓励所有员工针对绩效提出意见，正面或反面意见都可以。

（4）成功经验。

◎该公司强调团队合作精神，并且确实能够让顾客享受到高品质的服务，这使得公司与所有竞争对手有所区分。此外，“携手协助顾客”的企业文化，让人耳目一新而且引人注目。

◎该公司努力满足并超越顾客的期望，这为公司带来极高的顾客黏度与支持率，使得公司的生意源源不断。

◎该公司不断为顾客创造惊喜，激发顾客的兴趣。

◎由于该公司最重视的就是企业价值观，所以能够把公司定位从服装零售转移到人力资源开发上来。只有男性服饰屋全公司上下都真心接受公司的价值观，才可能做到这一点。

男性服饰屋创始人——乔治·济莫说："多数企业的做法，都是要压抑员工喜欢玩耍、喜欢结伴同乐的天性。这种观念好像是在告诉我们，想成功，就得受罪。我认为，组织如果能够真正做到'仆人领导'，就会产生一些意想不到的效果。员工在意的就不会只是自我成就，还会重视身边伙伴的集体成就。只要让员工感受到，有些使命是超越个人利益的，这个使命就会激励员工达到超乎寻常的表现。我们事业的基础，就是人类的潜能。"

2. 人力管理与价值观同步

员工都很聪明，都很懂得察言观色。如果管理层说一套做一套，精明的员工就会心生怀疑，不论公司价值观听来有多么吸引人，他们都不会愿意服从这个价值观。组织落实价值观的做法，必须是管理层的言行完全符合组织的价值观，否则就会让员工觉得，组织并没有把价值观当作真正要践行的事。更糟的是，这会让员工对拥护公司价值观的经理人失去信任。

“以人为中心”的企业，会采取下面做法，为公司的价值观注入新的生命力：

（1）营造强有力的企业文化——作为公司的控制机制，引导员工的行为与期望。所有“以人为中心”的企业，都有强有力的、显著的企业文化。

（2）雇用合适的人才——运用适当的招募流程，筛选出价值观与公司相近的人，并且筛选掉不能接受公司价值观的人，即便他们是优秀人才也不考虑聘用。

（3）投资员工——让员工感受到，公司非常重视自己，在这家公司会有前途，而且只要在这家公司工作，自己的职业生涯就会更上一层楼。

（4）让员工全面深入地了解公司状况——只有员工彻底了解公司的各种状况，才能作出更有意义的贡献。

（5）制订团队导向的制度——这能营造出员工的归属感，并且能运用同事力量进行监督，进而掌控公司的状况，不必全都靠管理层进行督导。

（6）奖励与表扬制度——表扬能让员工对自己的成就感到骄傲，奖励能激励员工更加投入地工作。

如果上述做法都符合公司的价值观，那么价值观的优势就会真正在组织里表现出来。在这种情况下，高级经理人的工作就会从监督员工每天的工作状况中抽离出来。经理人再也不必烦恼日常运营的决策，因为员工自然会作出符合公司价值观的决策。

个案研究　赛仕电脑软件公司

（1）简介。

赛仕是世界上最大的软件公司之一。该公司成立于1976年，年营业额超过10亿美元，员工人数5400人。

（2）主要经营哲学与价值观。

◎努力营造有趣的工作环境，让基层员工与高级主管都能乐在其中。

◎尊重每一位与公司有关系的对象，包括顾客、合作伙伴以及员工等。

◎让员工发挥积极主动性。

◎创造没有压力、不必烦恼日常琐事的工作环境。

（3）主要的人力管理措施。

◎给员工分配值得投入的任务，为员工招募聪明的工作伙伴，并把员工当作能独当一面的成年人。

◎员工一周只工作35小时，这在软件行业加班成疯的常态下，实属特例。赛仕鼓励员工培养与工作不相干的兴趣。

◎提供完善的福利，包括全额报销的医疗保险、托儿所、健身中心以及小吃部等。老板享受什么待遇，员工就享有什么样的待遇。

◎设定高目标，让员工自己选择实现目标的方法，并且要求员工对实际结果负责。

◎支付员工丰厚的薪水，每年调薪，并且发放红利（大约是薪资的6%～8%）。赛仕并没有股票选择权、绩效奖金等奖励措施，业务人员是领固定薪水，不是领业绩奖金。

◎举办各种在职培训课程。

◎不外包业务，不雇用临时工作人员，公司各项工作都是由全职员工负责。

（4）成功经验。

◎赛仕员工的流动率非常低，大幅降低了培

训新进员工的成本。重要的是，人事流动率低可以让顾客享有稳定的服务品质以及品质精良、错误较少的软件，因此能够建立并维持良好的顾客关系。由于赛仕能够营造出让员工乐在其中的工作环境，所以具备了长期的竞争优势。

◎该公司运营模式的基础，就是拥有“打造长远关系”的目标。公司不必担心能不能实现华尔街设定的单季目标，只要想办法满足顾客需求就可以了。

3. 经理人要保持活跃，与员工同甘共苦

要让经理人与员工同甘共苦，这个管理理念，跟美国许多企业首席执行官习惯的“养尊处优”大不相同。我们的“领导者”，没有私人专机、专用餐厅或大批随从。首席执行官薪水相对较低，办公室也不大气派，但会坚持不懈地实践公司的价值观。首席执行官以身作则，再加上企业其他领导者也以实际行动强化公司的价值观，才能为企业塑造组织文化。这不是企业通过口号

宣传，或是通过颁布书面规章制度就可以做到的。

成功企业的领导者会重视公司的价值观与企业文化，因此员工与管理层之间会产生互信。这样就产生了良性循环。

◎员工会对公司有信心，相信管理层会考虑到员工的利益，因此员工对工作会更卖命、更投入。

◎员工越为公司卖命，他们对公司就越宝贵，因此公司会给员工提供长期聘用的保障，因为替换这些员工要花太多时间、太多成本。

◎公司越努力提供长期聘用的保障，员工就越愿意随机应变，并且努力表现，这也会提升员工的自信心，从而产生良性循环。

个案研究　PSS 世界医疗器材公司

（1）简介。

PSS 世界医疗器材公司是经销医疗用品的公司，成立于 1983 年，在经过几次并购之后，营业额已经达到20亿美元。PSS在财务方面的绩效也相当突出，股东权益报酬率、资产报酬率与净利率，几乎都是竞争对手的两倍。该公司一共有4500名员工。

（2）主要经营哲学与价值观。

◎信任与相互尊重的企业文化。

◎员工的权责相符。

◎采取股票选择权与红利等制度，表示员工只要为公司创造财富，就能共享公司的财富。

◎要有很多领导者，而不是要有很多经理人。

（3）主要的人力管理措施。

◎公司的组织架构十分扁平，只有3个运营部门以及小规模的企业总部。

◎每家分公司自负盈亏，都有权设定价格以及各自要实现的利润目标。

◎公司直接从大学招聘员工，并且降低员工的学历门槛。

◎公司设立专属的培训机构，加强员工发展职业生涯的能力，并且培养员工的领导能力。

◎公司的薪酬奖励制度多样而全面。

◎公司采取开放式管理，每位员工都能获悉所有的财务信息。

◎如果主管的工作表现不佳，员工还可以开除自己的上司。

◎公司的员工，从来不会因为工作上犯了无心之过而受到惩处。

（4）成功经验。

◎公司能够做好几件基本的事情，比如聘用与公司文化契合的员工、让员工获得详实的信息，帮助员工决定合适的做法、采取优厚的奖励制度，并且让员工可以放心尝试新的做法。公司因为能够做好上述几件事情，所以可以营造出符合公司价值观的企业文化。

◎公司能够激发出员工极大的工作积极性。员工会认真注意各项细节，因此大幅提高了效率。经理人也会全力排除阻止提高效率的各种障碍，不会只是思考大策略。

◎公司的企业文化非常强调责任感。组织上下都能彻底落实公司的价值观与信念。公司里每一位员工都非常清楚自己的任务，也都会对执行结果负责。

关键思维

商业人士并不喜欢谈价值观，但是少了价值观，经营企业就只是为了赚钱。对我来说，实现业绩目标当然很重要，但是没有任何一项业绩目标值得你牺牲自己的价值观。如果你为了某项目标而不善待员工，或是在跟顾客往来时投机取巧，那是错误的。即使是在当今的经济环境下，你还是可以打造出互信的组织。但如果你只想着要利用别人，那就没办法了。

——帕特·凯利

我把很多时间花在说明公司的价值观上，而

不是用在拟定运营战略上。决定成败的因素就是执行价值观。

——路·普拉特，惠普公司前任首席执行官

要让自己与竞争对手有所区分，重点不在于决策内容，而在于践行战略的做法，执行是至关重要的。

——赖瑞·包熙迪

对手可以模仿飞机等硬件，却无法模仿西南员工的态度。

——贺伯·凯勒赫，美国西南航空首席执行官

我们成功的关键在于，我们会激励员工，鼓励他们每天都要突破现状，比昨天做得更好一点。

——帕特·凯利

在我看来，释放权力就跟紧抓权力一样自然。只不过在我们的社会里，只要受过教育的人，就会觉得自己应该拥有权力。每个到我们公

司考察的人，尤其是竞争对手，一开始都会说："这真是令人振奋！"接着，有些人就会开始了解其中的艰苦，然后慢慢转身离开，因为这么做的代价太高了。你愿意付出这种代价吗？这个代价就等于是把自己从"国王"变成"仆人"。你愿意把权力下放，从而让员工能够迅速成长吗？

——丹尼斯·巴克

三　两种最常见的反对意见

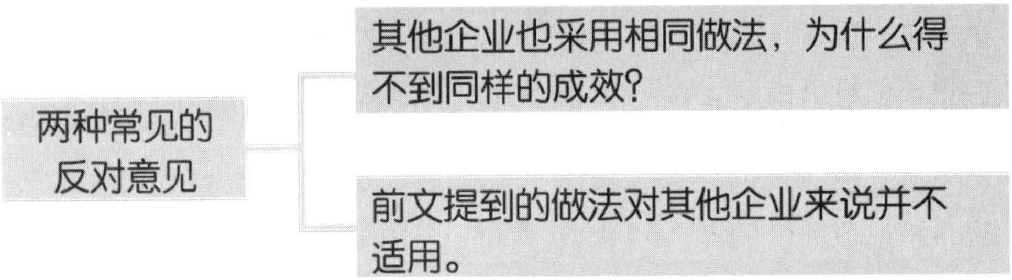

成功的关键不只是要找到合适的人才并且加以培养，还要建构适当有效的公司制度激励员工，让员工能够践行自己的构想。如果你要问，有哪些措施必须符合公司的价值观，答案是统统都要。许多企业会制订企业宗旨与价值观、尝试采取更多样的薪酬制度、公开账目让员工充分了解信息或是筛选出与公司文化契合的员工等。上述种种措施都必须符合公司的价值观，才会奏效。此外，还必须让有才能、有干劲的员工有机会实际参与决策。

许多企业善于吸引人才、留住人才；比较少的企业会建立制度，并充分利用所有员工的专业知识；更少的企业能够制订合适有效的运营制度，一方面符合公司的价值观，一方面又能规划出可行的运营模式。

“以人为中心”的企业之所以能够超越对手，就是因为各项制度都符合公司的价值观，并且给予员工权力，让员工自己选择要采取哪些做法。企业如果不能同时做到上述几点，仅是采取某几项做法，是不会成功的。

这个道理能够稍稍解答上述提到的第 2 种反对意见的疑虑，那就是，这些做法对其他企业也都适用吗，还是这些做法只是成功企业碰巧蒙到的？道理其实很简单，任何企业只要有心，愿意倾尽全力，就一定做得到。同样的道理，如果企业不能严格执行，是绝对不会有成效的。

那么，企业要怎样凝聚员工的力量，让大家愿意践行“以人为中心”的理念？

把打造“以人为中心”的企业这件事，当作是过程，不要当作目标。尝试新的做法，从“做”中学，还要愿意不断尝试新点子。尽量吸引员工参与这段过程，也就是说要让员工真正担负起责任，并且要求员工共同承担决策的结果，不要光说不练。归根结底，大家要看的是公司真正做到了哪些事，不是公司本来打算做哪些事。

个案研究　AES 电力公司

（1）简介。

AES（原名为“应用能源服务公司”）在 19 个国家设有一百余座发电厂。尽管公司员工超过一万名，在总公司的员工却只有 30 名。

（2）主要经营哲学与价值观。

◎有趣——做有趣的工作，并且有机会学到更多。

◎公平——给予所有员工特殊待遇。

◎全面——作出每个决策时，都必须全面考

虑所有因素。

◎社会责任。

（3）主要的人力管理措施。

◎聘用新进员工要考虑的是，这名应聘者是否具有适应AES企业文化的能力以及一般能力，不要在意特长。

◎决策权完全下放给全球各运营点的员工，由他们自行决定运营措施。

◎鼓励员工学习新技能、接受新职务的挑战，并且要求员工对自己的决策负责，借此提高内部员工的工作积极性。

◎执行大型项目时，会将员工组成不同的工作团队，并且视情况筹建专项小组。

◎大方地让所有员工都能知悉公司的财务信息，信息透明的程度甚至使证券交易委员会都把员工当作是“熟知内情的人士”。

◎公平公开地对待所有员工，即使高级主管也必须在自己负责的电厂值班。

◎依业界标准来拟订员工薪资标准，所谓业界标准就是同等级的职位在其他公司的薪资是多少。公司每年都会调薪，员工也可认股，而且在服务满 5 年之后，就可以加入退休金计划。

（4）成功经验。

◎真正的学习型组织，公司鼓励每位员工随时学习新知识。

◎让每位员工都觉得，自己对公司有实质贡献。公司采取团队架构，员工也能获悉所有必要的信息，使得员工能够作决策，并且对决策结果负责。

◎让员工能够充分发挥自己的才能。

◎授权是相当有效的做法。因为做到了充分授权，所以公司不需要太多人去工作，每个人都为自己的决策和行为负责，每个人效率都很高，所以 AES 管理团队的规模，与其他运营规模相当的企业相比小很多。

个案研究　新联合汽车制造公司（NUMMI）

（1）简介。

新联合汽车制造公司，是通用汽车与丰田汽车合资成立的制造公司。该公司接收了通用在加州一处废弃不用的工厂，把这座工厂转变为全美生产效率最高的汽车工厂之一，并且连续多次荣获 J. D. Power 品质奖。

（2）主要经营哲学与价值观。

◎认同员工的价值与贡献。

◎让员工有机会创造优异表现。

◎全心创造团队绩效。

◎积极改善工作环境。

（3）主要的人力管理措施。

◎工作保障——采取“不裁员”政策。

◎应聘者要接受为期 3 天的状况模拟、专题讨论、笔试以及口试。

◎新进员工要参加为期 4 天的迎新说明会，说明会由团队成员与经理人主持，内容包括品质要求、安全政策，以及公司对多元文化的尊重等。

◎新联合汽车制造公司的组织架构只有3个层级。第1个层级的经理人是团队领导者，主要工作是创造绩效以及确保品质。第2个层级的经理人负责管理工作流程。第3个层级的经理人则负责行政工作，并且要管理整个企业。

◎采取简单的工作分类制度，把所有工作分成3类，而不像其他企业习惯的81类。所有员工都必须对产品品质与安全负责。

◎持续进行在职培训。

◎公平与公开的奖励制度。

（4）主要的人力管理措施。

◎新联合汽车制造公司证明了，只要企业的运营制度与管理措施能够符合公司的价值观（信任、尊重以及持续进步），就能达到惊人的成效。

◎新联合汽车制造公司证明了，只要管理层能够与员工培养出良好的合作关系，让员工能够分担部分责任，员工一定会全力以赴。

◎新联合汽车制造公司证明了，只要能有效运用员工的潜能，就能够创造优异成绩。该公司的成绩让我们认识到，如果能够营造出上下一心的合作气氛，所有组织成员都会愿意贡献全部力量。

关键思维

我们在弗瑞蒙厂重视的不是技术、不是机器，而是员工。我们的员工会同心协力实现共同目标，这就是新联合汽车的基本精神。在新联合汽车制造公司，公司的成败都取决于员工，也就是团队成员。

——丰田龙郎

企业只要能充分激发员工的潜能，几乎都能快速成长。激发员工的潜能，达到杰出效果，不是只有少数企业能够做到或者应该做到的。因为要做到这一点，并没有那么高不可攀。

——查尔斯·奥赖利　杰弗瑞·普费弗

我说："我们原本应该要做一个善待顾客的企业，结果我们却把自己变成跟其他企业的人力资源部门一样，只对别人说不！"所以4年前，我公司人力资源部提出了一个惊人的举措：不管是经理人还是一般员工，只要有人对人力资源部门提出需求，就应该不管需求的内容是什么，只管去了解提出需求的人想达到什么结果，然后想办法满足他的需求。但是要记住的是，第一不能犯法，第二不能伤害到其他员工，第三不能让公司登上《华尔街日报》头条。

——大卫·罗素，赛仕前人力资源部主任

企业能不能持续发展，就要看你怎么看待公司资产。在你眼中，公司的资产是潜藏在几千名员工之中尚未开发的人类潜能，还是工厂与设备或者商标？大多数的企管高层，大概都不会把未开发的人类潜能当作公司的价值。因为目前的管理思想主张，所有资产都必须要能量化，不要管什么人类潜能，因为目前人类潜能还不能评价估量。

——乔治·济莫，男性服饰屋创办人

我们很清楚，员工就是我们的竞争优势，所以我们愿意拿出资金培训员工，让员工有能力成为赢家，成为公司成长与获利的动力，同时保存西南航空的价值观与独特的企业文化。

——美国西南航空人力部门宗旨

只要能够把组织成员的隐藏价值完全激发出来，组织成功的机会就会提升。当世界越来越重视智慧资本与知识，这个道理就会更加明显。大部分组织并不懂得把握这种价值，“以人为中心”的企业已经比其他竞争对手更早明白这个道理了。

——查尔斯·奥赖利　杰弗瑞·普费弗

抢人才

The War for Talent

原著作者简介

拉斯蒂·瑞弗（Rusty Rueff），电子音乐版权管理公司 SNOCAP 的首席执行官，曾任“美商艺电”公司人力资源执行副总以及“百事可乐”公司国际部人力资源副总。瑞弗毕业于普渡大学，目前担任3家企业的董事，并拥有多家企业股权。

汉克·斯特林格（Hank Stringer），高级人才招募公司“Q Talent Partners”的首席执行官。斯特林格毕业于德克萨斯州州立大学，曾创办人力网站“Hire.com”，曾任职于高科技人力资源公司“Pedley—Stringer”，并在“天腾电脑”与“戴尔电脑”担任内部招募顾问。

本文编译：徐锋志

主要内容

主题看板

人才的相关概念

才力队伍

人才的竞争，是近年来企业最重要的竞争策略之一。美国《商业周刊》就曾以“寻找明星”（Star Search）作为封面故事，介绍多家跨国企业在全球寻找人才以及留住人才的方法。宏碁人力资源部长游英基也说：“我们要的是高手，不是人手。”三国时代，枭雄曹操就把招揽人才看做逐鹿天下的第一要务。因为“治平尚德行，有事尚功能”，因此曹操不问门第、唯才是举，造就了一番伟业。拥有4000个营业点的统一超市，每隔一段时间就要开创新事业，把人才库与各事业部互相搭配，选拔资深员工到新事业部历练，从超市主业到物流、观光等其他业务，培养出了一个又一个身经百战的优秀人才。

人才管理者

杰克·韦尔奇曾说："我在通用电器服务的那些年头，真正在做的事，就是人员管理。"他也在《赢》一书中预测，将来高级人力资源主管的重要性将大幅提升。可见，现代的人才管理工作不再只是过去人力资源部门的行政角色，而是还要肩负协助企业拟订运营策略、建立企业文化以及推动变革等重任。

由于人才管理从后勤工作转变为企业提升竞争力的重要策略之一，因此许多科技企业，纷纷寻求具备总经理资质、能够以商业思维规划人力资源策略的高级经理人出任人力资源总监。前"积电电路制造股份有限公司"人力资源副总李瑞华，在进入公司之前曾任朗讯科技亚太区总裁等职位，郭耿聪则曾任美商科林研发总经理。李瑞华想象着自己是顾问公司的老板，而"积电电路制造股份有限公司"则是客户，在重新审视公司内部人才后，提出了人才培养方案，把人力资源部门转换成“战略部门”，培训能接班的专业经理人。郭耿聪则是将过去研发总经理的经验，用来推动联发科“创意”核心的企业文化，他举办了纸飞机比赛，让参赛的工程师设计纸飞机，比赛谁的飞机能飞得最远。参赛者为了赢得比赛，纷纷设计出各种稀奇古怪的纸飞机，而公司文化也就在游戏中渐渐扎根。事实上，找总经理出任人力资源最高负责人是很自然的趋势，普群企管顾问公司总经理张堂桢就一语道破其中道理：“谁会比总经理更了解总经理的需求呢！”

5分钟摘要

3 阶段人才计划

每个企业都拥有“人力”，但是很少有企业真正用心去开发“才力”，也就是让组织内每个重要职位都能有合适的人才。企业“不用心开发‘才力’”的这种做法是不对的，因为员工才是企业能够创造奇迹的要素，而不是市场定位、品牌形象，也不是产品或服务。优秀人才绝对是企业赢得竞争、创造佳绩的关键利器。

企业应该从现在开始重视人才问题，努力寻才、招才，并且留住优秀人才。企业要抢得到人才、留得住人才，关键就在于下列 3 阶段人才计划：

（1）撒网。利用新的网络技术，建立起企业与人才的联系。企业必须定期更新网站内容，并且主动发布消息招揽顶尖人才，吸引人才目光。

（2）培养。与人才建立长期联系，并且定期提供他们所需要的信息。

（3）选拔。给特定的空缺职位，提供适合的人选，或者是建立人才库，这样在重要职位空缺时，就能够找到合适的人选来填补。

一　人才市场趋势

不论市场环境怎样改变，优秀人才永远不足，企业永远求才若渴。企业必须在适当的时机，把合适的人才安排在合适的岗位上。要做到适才适岗，就必须针对这个目标制订计划。目前，在人口结构、科技以及经济等因素交互影响下，要找到顶尖人才成了一项挑战，但同时也是一个契机。

优秀人才对组织任何层级来说都极为重要。员工素质的好坏，可以决定企业的成败，也可以决定企业表现是平凡还是卓越。

那么，到底什么样的人才，才称得上是优秀人才？市场上的优秀人才为什么又那么稀缺？优秀人才的定义是什么？

优秀人才是指，这个人才具备企业所需要

的宝贵知识和技能。优秀人才是经验丰富的高手，懂得怎样让工作顺利开展；是干练的经理人，能够鼓舞士气，凝聚员工达成共识；是与人相处融洽的好同事，自己尽忠职守，并且帮助工作团队平稳向前发展；还是一位善于协调各方面关系的人员，让所有人保持心情愉快。像这样的优秀人才，也许只占公司员工的一小部分，但只要其中有一位离职，对公司的影响就可能非常大。

科技固然可以取代一部分人类的工作，但是因为合适的人才具备合适的技能与人格特质，所以对于企业成败仍然扮演着举足轻重的角色。企业只是找来合适人才是不够的，还要储备人才，而且储备人才必须具备符合要求的技能与特质，这样在公司的优秀人才另谋高就时，这些储备人才才能挺身而出。

事实上，由于市场状况不断变化，使得企业非常不容易找到顶尖人才。下列 5 个全球主要趋势，将影响企业在未来获取卓越人才的能力：

（1）世代交替与人才高龄化。目前各个发达国家都面临这个问题。例如，美国预测，到2030年全美65岁以上的人口占总人口的比例将逼近1/4；人力资源缺口将会达到500万～1000万。而日本和德国也预测，国内的就业人口在同一时期内也将大幅减少。所有工业化国家的人口增长率都出现持平或下降的现象，也就是说医院、制药公司以及医疗保健体系的需求会日益增长，同时人才也会随之短缺。未来，社会对医疗保健机构从业人员的需求将会增加，例如护士、医师、医检人员、营养师、生化学家甚至是护工等后勤人员。延长退休年龄或许可以弥补部分人力资源缺口，但是这种方式无法完全解决人力短缺的问题。

（2）青年劳工进入就业市场。这个趋势常见于人口爆炸的发展中国家。然而问题是，这批准备就业的劳动力有许多无法接受教育，缺乏阅读能力或是科学、数学知识，因此没有能力克服技术问题，这会给雇主带来许多问题。

（3）移民趋势。自从美国2001年9月11日遭受恐怖袭击以来，移民趋势大幅变化。外籍人士现在更不容易取得美国的工作签证，也使许多其他国家跟着收紧了移民政策。赴美就读的外籍学生人数减少，学生纷纷转往亚洲或其他国家的大学就读。也就是说，美国企业将越来越难聘请到双语或是多语人才。这还形成了扩散效应，会有更多过去希望到美国就业的专业人才，现在则纷纷转移阵地，前往中国、印度或是欧洲企业任职。

（4）业务外移。也就是工业国家把工作转移到人工成本低廉的国家。举例来说，顾问公司埃森哲在菲律宾聘用了2000名员工，负责处理会计、软件以及后勤工作。通用公司在印度和中国雇用了2.9万名员工，负责财务、研发以及信息支持的工作。如果发展中国家准备从制造行业转型到知识型行业，业务外移是可行且能获得经济效益的做法。业务外移能够促进发展中国家的经济发展，对发达国家来说也有好处。业务外移会大大影响成功企业在未来的运营策略。

（5）新兴人才市场崛起。当发展中国家发展成熟，从农业社会逐渐转型为工业社会时，就会出现这个趋势。这个趋势能够减少贫穷，是良性的发展。这个趋势大大扩充了新兴人才库，因为这批人渴望接受更高等的教育，希望能摆脱从事体力劳动的宿命，转而从事知识型工作。

上述种种趋势，渐渐使得企业深刻反省自己的人才管理措施，不论是评价考核、招募、培训、晋升，还是留住优秀人才的方式。企业以往会持傲慢的心态，认为员工都是可以被取代的，而且人才也不匮乏。现在却发现，自己必须改变观念，必须认清人才市场的新现实，才能够大步向前。

我们常说，商场上唯一不变的就是变化。企业为了求生存，必须顺应形势不断调整。企业无法忍受供应链出现缺口或是效率低下。同样地，人才出现缺口或是招聘人才缺乏效率，也是有损企业发展的。前瞻性的组织早已开始着手规划人才计划，来应对上述趋势与市场状况。如果你想要超越对手，就必须行动起来，而唯一务实的做法，就是搜罗比对手更优秀的人才。

关键思维

少了卓越的员工，企业要怎么成长？答案是没办法成长。少了卓越员工，企业要怎样推出新产品、技术以及服务？答案是没办法推出。少了卓越员工，不只是企业的高级主管会束手无策，也不只是美国、德国或是日本的企业会束手无策，而是任何国家的任何组织都会束手无策。

——拉斯蒂·瑞弗　汉克·斯特林格

我用的是跟其他公司一样的卡车、一样的马铃薯，还有一样的机器。唯一不同的是，我可以找来更优秀的员工。

——贺曼·雷，菲多利食品公司创办人

二　应对趋势——建立人才计划

企业要打造有前瞻性的组织，就必须比竞争对手早一步搜罗到优秀员工。企业必须做好人才规划，才能稳步迈向未来。

1. 任命规划人力资源战略的主管——人力资源总监

人才计划最重要的目标，应该是要让企业在目前或是将来出现职位空缺时，有合适的人才可以派上用场。如果等到职位空缺才开始招募人才，就太晚了，因为在这样的状况下寻找人才，是在处理危机而不是未雨绸缪。企业要推行人才计划，并且使人才计划成为企业的重要策略，就必须要有专人负责规划人力资源策略。要做到这一点，企业必须任命人力资源总监，并且赋予人力资源总监合适的权责、信息以及措施。

称职的人力资源总监必须具备 6 个条件：

（1）在公司内具有相当的地位和权力，能够推动事务顺利向前发展。

（2）能够与首席执行官、财务总监以及其他事业部主管平起平坐。不能仅从成本的角度思考，而是应该把人力资源总监归入上述高级主管的管辖范围。

（3）具备充足的专业知识，能够掌握最新的招募人才的工具、框架以及流程。

（4）能够制订出有效的人才计划，并且让计划完全符合组织的运营目标。人才计划必须详细说明 4 个事项：

◎企业面临多少人力相关的问题，以及解决人力问题能够创造多大的价值。

◎人力资源管理者解决人力问题的方法。

◎评价考核计划进度与执行成效的指标。

◎明确的人才招募活动与方案。

（5）清楚掌握状况，能够建立有效率又具有竞争力的人才招募团队。

（6）必须与组织其他成员通力合作，例如招聘人员、提供资料的人员、技术人员以及分析资料的人员等。

总体来说，人力资源总监必须主导并管理组织的人才计划，要能与各部门主管以及负责招聘工作的经理人密切互动，确保这些主管的作为符合组织整体目标与运营目标；要能精确掌握调整人才计划的时机，要让人才计划反映整体运营目标的最新发展；还要能整合人才计划，把计划包装成一套能够吸引人才的产品，让企业能够用来对内沟通，也可以用来在各种媒体上传达出有吸引力的信息。

2. 打造特色鲜明、高知名度的人才品牌

今天的人才市场状况混乱，企业必须设法脱颖而出。要能脱颖而出，最有效的方法就是打造自己的“人才品牌”，也就是企业的求才观，让组织在每次招聘新人才时，能够对外表达一贯的

信息。杰出的人才品牌可以营造情感认同，让人才愿意投靠你的企业。

要打造人才品牌，必须采取3个重要步骤：

（1）与营销团队密切配合，把人才品牌与企业的特质或文化联系起来。找出特定的情感诉求，让人才在接触公司的人才品牌时能够心有所属。

（2）从理想人选的角度思考，还要考虑到这些人才的偏好、技能、知识、梦想以及期望。组织需要人才的技能和才华，所以必须用尽全力找出诱因，吸引这些人才。

（3）规划能够吸引理想人选的人才需求策略。换句话说，人才需求策略必须让公司站到最有利的位置。企业规划出来的人才需求策略必须要有特色，要能吸引合适的人才。

杰出的人才品牌能够从应聘者中过滤掉不适合的人才，因此可以为企业节省时间与精力。企业必须让有意应聘的人才，在应聘之前就清楚了解组织的核心价值。这样，具有合适技能的人才，自然会被自己最认同的企业所吸引。因此，人才品牌表现出的形象，不能是企业尚未实现的愿景，必须要忠实反映企业的现况。

人才品牌只会激起合适人才的情感反应，不合适的人才不会有感觉。这似乎不容易做到，但是却有许多企业成功塑造出这种人才品牌。

3. 持续扩大并充实人才社交媒体

最适合招聘人才的时机，就是在所属行业甚至是自己公司开始裁员的时候。因为这个时候，是你最方便也最应该与优秀人才建立关系的时候。这样，当行业前景变好时，你就已经拥有一群合适的人才，随时可以派上用场。你不但可以比竞争对手更快招聘到人才，而且还不必花大价钱请第三方的人力公司招聘人才。

科技的进步对发展人才社交媒体非常有帮助。通过官方网站，企业能够与一大群人才建立联系，还可以借此建立人才社交媒体，这些人才都愿意在日后为公司效力，因为他们认同公司的文化。

人才社交媒体除了具备人才库的功能，以及使企业在出现职位空缺时能够找到适合的人才之外，还有其他用途。你可以询问人才社交媒体的工作人员，看他们会对哪些新产品或服务感兴趣，或者你也可以想办法把人才库中的不同人才组成联盟，为企业提升价值。你还可以在正式进行新产品研发计划之前，先让人才库中的人才了解新产品构想，借此及早听取市场意见。许多软件公司都会发布测试版软件，借此取得有用的市场信息，为日后研发工作做好准备。只要你的人才社交媒体互动频繁、经营良好，就等于拥有了充分的资源去实行上述几项做法。

4. 规划完善指标，评价考核人才招募的效果

要切实执行人才计划，计划中必须包含相应指标，评价考核自己的执行成效，只有这样才能够改善公司的人才管理状况。如果不能明确说明人才计划的进展，计划就不会有什么成效。

可行的人才评价考核方式，包含了下述 6 项观念：

（1）先追踪所有短期人才招聘活动的状况。

◎组织内有多少职位空缺。

◎有多少简历应征这些空缺的职位。

◎进行了多少次正式面试。

◎每个职位空缺平均要花多长时间才能招聘到新员工。

（2）建立未来取得人才的渠道，并且长期评价考核建立渠道的进度。

◎有多少空缺职位是由人才库中的人才出任的。

◎能不能找到必要时可以立刻聘用的人才。

◎有没有与公司未来有意向招聘的人才建立起联系。

◎有没有扩大人才库的规模以及技能类别。

（3）公开宣布推行高级主管接班计划，并且正式规划接班计划。这样才能评价考核接班计划的成效，并且确保公司在必要时可以找到合适的人选来接任。

（4）评价考核组织留住卓越人才的成效以及流动率有没有影响到组织运作。追踪有多少优秀员工选择留在公司发展，又有多少员工在时机成熟时晋升担任更高的职务。

（5）用人不当必须亡羊补牢。如果聘用到价值观与公司不吻合的员工，看看公司是不是能够妥善处理，请员工另谋高就。

（6）把握每一次机会，清楚说明自己的人才评价考核指标。对分析师、专业顾问以及投资人进行说明。在公司各种宣传文件上，详述公司用什么方法评价考核和反映人才的各种状况，还要用务实的方法在财务报表上说明组织人才库的状况。同时，这部分说明要纳入年报之中。

5. 卓越人才的薪资要符合市场行情

人才的市场价值会不断演变。随着经济发展，有些技能的身价会上涨，有些则会沦为一般技术，或是被新技术取代。大多数人才都会掌握这些变化，也会了解自己拥有的技术和才能在市场上的行情如何。

雇主们千万要记住，如果付给优秀人才低于市场行情的薪资，公司就会臭名远扬。如果公司在官方网站说的是一套，实际做的又是一套，那么丑闻就会被曝光。

现在信息技术已经十分发达，然而令人匪夷所思的是，竟然有那么多企业官方网站上的招聘网页内容非常贫乏，好像是为了要有招聘网页而随便拼凑出来的一样。如果你希望建立人才库，官方网站会是重要的入口，影响力很大。官方网站就像是公司的虚拟接待大厅。官方网站要能让想为你工作的人才，想象出自己为你公司服务的景象。在公司人才需求增加，开始积极争夺顶尖人才时，设计完善的网站会是一大帮助。

6. 在采用其他科技招聘人才的同时，还是要多与人才建立长期的联系

即使你的网络人才库中人才济济，但还是有必要通过其他渠道招募新人才。要争取到顶尖人才，光是把网站做好是不够的，还必须面对面沟通。如果想招募到顶尖人才，就必须持续建立良好的人际关系。面对面沟通能够建立起人与人之间的关系，科技可以协助你接触到人才，但是不可能完全取代这种面对面沟通的人际关系。

人才与汽车是完全不同的。我们没办法轻易买卖人才，因为要找到自己需要的人才，就必须有人亲自与应聘者会面，实际与对方互动。

招聘人才是人类一种很复杂的互动过程。简单来说，要在公司需求与应聘者的实际期望之间求得双赢，这中间招聘人员扮演着关键的角色。称职的招聘人员很清楚该怎么获取人才的认同，招聘到顶尖人才并且把人才留下来。招聘人才并不容易，因为你必须持续与人才建立联系，要做到这一点必须见多识广，而且能够了解求职者可能会提出的所有问题。招聘人员必须要有灵敏的反应，才能把彼此关系导向有利的方向。

招聘人才的同时还要想到留住人才的办法。如果千辛万苦找来顶尖人才，却让他们无用武之地，尤其是让他们觉得其他企业更赏识自己的话，等于是白费功夫。称职的招聘人员会像在招聘时一样，用同样的努力留住优秀员工。招聘人员每天都在想办法招募卓越人才，而不是偶然为之。在招聘方面，说实话会带来丰厚的收获。如果应聘者在录取之后发现，事实与当初描述的状况有很大的出入时，恐怕要留住人才就很难了。招聘时一定要告诉人家实际情况，不能只是描绘未来的愿景。

7. 用有创意的方法招募新人才

某种程度来说，卓越的招聘人员也必须是趋势专家，他们要能洞悉市场趋势，并且想出创新的点子来找到卓越人才，吸引人才加入。要成为卓越的招聘人员，除了能让组织领先潮流，同时还要能充分掌握企业现况。

那么究竟有哪些新兴趋势会影响招聘人员吸引新人才呢？

（1）网络招聘成为趋势。落后的方式会被更有效的招聘方式所取代。如果网站上的职位说明呆板无趣，而且资料过时却不去更新，那是没办法吸引卓越人才的。缺乏吸引力的网络招聘方式，会被更主动的招聘策略取代。招聘网站必须做到内容丰富，与人才互动良好、信息充分并且及时，才能有机会吸引人才。此外，网站内容最好要让求职者有机会能和实际对象互动，这样才能赢得人才认同。

（2）个性化服务会变得更加精确，也就是说企业能够更精准地锁定对象。举例来说，一位消费者的信用卡，会透露出个人的许多消费习惯。如果把信用卡和无线传输以及人工智能软件等新科技结合起来，就可以创造出新奇有用的应用。同时，求职者也可以把个人的履历和喜好，输入到信用卡或是其他设备里的“电子钱包”上，这样就可以把上述资料自动传输给招聘人员，让他们可以跟求职者联系，定期告知求职者空缺职位的相关信息。招聘人员在跟你接洽之前，就已经了解你的背景和工作经历，因此能够提供符合你愿望的空缺职位。或者当你参观商展或是招聘博览会时，有意聘用你的雇主可以扫描到你的电子钱包，主动跟你接洽，而不用等着你上门参观他们的展位。这可能会有侵害个人隐私的风险，必须想办法克服，但是新科技在就业领域的各种可能用途，很值得探讨。

关键思维

如果能够有策略地把人才品牌与业务结合起来，会是非常有利的竞争优势。就像营销人员进行营销活动一样，招聘人员也必须去了解自己公司的工程师、码头工人以及负责食堂的厨师等各类员工，弄清楚他们的习惯、期待还有梦想，让公司的人才品牌能够打动人心，达到“推销”的效果。

——拉斯蒂·瑞弗　汉克·斯特林格

接班人在哪里

Growing Your Company's Leaders

原著作者简介

罗伯特·富尔默（Robert Fulmer），杜克公司的学术副总、南加州佩珀代因大学的客座教授，毕业于佛罗里达大学与加州大学洛杉矶分校，是企业领导议题公认的专家，擅长研究未来的管理挑战、策略执行以及领导力发展。他撰写或与人合著的作品很多，包括《崭新管理》《企业实用导读》《领导力规划》等。

杰伊·康格（Jay A. Conger），伦敦企管学院"组织行为"课程的教授、南加州大学洛杉矶效能组织中心的资深研究员，毕业于达特茅斯大学、弗吉尼亚大学与哈佛大学商学院，擅长的研究领域是领导学。他的著作有11本，包括《参与领导》《领导者的变革手册》《赢得他们的心》等。

本文编译：曾湇菁

主要内容

主题看板

接班人管理制度的相关概念

接班人管理制度

接班人管理制度，按字面意思来看，就是在一般工作岗位或高级职位出现空缺时寻找一位适合顶替的人选。现代企业对接班人的评价标准，也从以往的个人能力，转移到接班候选人对整个组织的领导能力。最有效的接班人规划制度，是能够审视接班候选人如何将组织团队的表现发挥到最好。

无论企业规模大小，接班人管理制度一定要随着企业需要而作改变。设计一套完善的接班人管理制度流程时，必须将焦点放在企业所期望的评价考核结果上，如提升企业整体表现，减少人事流动，或是人尽其才等目标。

板凳深度

“板凳深度”一词，在运动场上是指主力球员以外的团队战斗力。一个球队组织的板凳深度越深，球队的战斗力就越强，因为如果主力球员状况不佳，板凳递补队员能立即发挥战斗力，顶替主力球员上场，效果不但不会打折扣，甚至还有可能出奇制胜。

对企业而言，高级经理人或重要员工突如其来、毫无预警的离职已经是见怪不怪的事情。“关键员工离职时，下一步我们该怎么办”也成为人力资源部门甚至是整个企业最头疼的问题。因此，通过接班人管理制度，组织可以培育一批优秀的人才，加深组织的板凳深度，以应对高级管理人才或重要员工离职跳槽的突发挑战。

一　接班人管理制度重新引起大家的注意

有6点理由可以解释，为何接班人管理制度会变成今天企业极为重视的议题。

（1）领导能力是稀有且珍贵的资源。即使组织经过了数十年的努力，有领导能力的领导者仍是大多数组织中相当稀有的资源。

（2）领导者不再终身服务于一家公司。领导人才是知识型工作者，组织付出酬劳换取他们的专业能力与聪明才智。与其希望这些人才会留在同一家公司，不如接受事实，做好接班人管理制度工作。

（3）给未来领导者适当的挑战是很重要的。除非组织能够给表现杰出者提供有助于发展他们技能的挑战，否则许多有潜力的领导者将毫不留恋地转战他处，获得新的发展机会。

（4）领导型人才很容易找到新机会。任何会使用网络的人，都可以通过求职网站，找到更好、更有趣的工作机会。现今网络求职越来越方便快捷，优秀人才很容易就能找到许多工作机会。

（5）现在猎头机构的工作技巧已有相当大的进步。现在的猎头公司，有更大的影响力，技巧也更娴熟。他们完全知道，如何发掘并吸引有潜力的领导者接受新职位。他们也明确知道，其他企业准备掏出多少钱来雇用领导型人才。因此，猎头公司会把握任何可以为领导型人才争取好薪水的机会。

（6）市场不断变迁，企业非常需要领导型人才的引领。现今的组织必须不断变革，才不会和变迁的市场脱节，因此，组织随时都需要新人才。

综合来看，留住人才与发展人才是目前多数组织关注的重要问题。因为有了更好的信息科技，所以和以前相比，现在组织更容易发展接班人管理制度。企业若忽视接班人管理制度，未来可能有失去竞争优势的风险。

具体来说，好的接班人管理制度有两个目的：

（1）应对组织需求，持续提供大量的人才供应，以填补人才供需之间的差距。若缺乏有远见的接班人管理制度，企业就会匆匆忙忙地去寻找人才，结果可能并不理想。

（2）满足员工的需求，特别是表现杰出者，因为他们在别处也有很多机会。除非企业里最好的人才能感受到他们的前途充满希望，否则他们将会选择更好的机会。

接班人管理制度若要有效，必须做到 7 点：

（1）制度简单易操作。

（2）制度是“发展导向”，而非“取代导向”。

（3）制度能够使资深管理层积极参与组织

活动。

（4）制度能找出并凸显组织目前与未来的人才需求。

（5）制度能确保适当的人才在适当的时机能接到适当的工作。

（6）接班人管理制度能及早发现杰出人才并且正确地培养他们。

（7）接班人管理制度必须不断地再造、强化与改善。

关键思维

对人才的竞争一直在改变，顶尖企业使用接班人管理制度来取得竞争优势。

——罗伯特·富尔默　杰伊·康格

二　接班人管理制度的 7 个要素

1. 企业战略

每个组织都必须有市场策略与人才策略。作为接班人管理制度的基础，这两项策略必须能够回答，为何接班人管理制度值得公司关心。

接班人管理制度事实上是公司人力资源部门与企业战略方向之间的“链接”。接班人管理制度的任务，是通过预测组织未来的需求，然后发现、评估、发展，并且监督为实现组织未来目标所需的人力资源。

根据这个概念，在设计接班人管理制度之前，你必须提出 6 个关键问题：

（1）公司的战略目标是什么？这个目标必须把计划要进入的市场考虑进去。

（2）战略会对人才需求与人才发展计划产生

什么影响？

（3）吸引、留住并培养人才的战略是什么？如何将这些战略转变为可以执行的接班人管理制度？

（4）公司在进入新市场时，会需要哪种类型的领导能力与才能？

（5）我们预期需要的人才，现阶段可能找得到吗？

（6）我们安排哪些可以培养人才的任务，才能帮助个人发展必要的技能？

接班人管理制度要落实，需要资深管理团队与人力资源部门密切合作，双方必须并肩合作，找出上述问题的合理答案。接班人管理制度要求团队必须能够准确预期未来的威胁与机会，但这只有在负责接班人管理制度计划的领导者与公司资深经理人密切合作的情况下才会发生。

2. 支持者与参与者

除非接班人管理制度赢得管理高层的支持，

否则这项制度不会有任何效用。同样地，企业各部门主管也必须参与负责这项制度，才能真正推动接班人管理制度。

如果要让大家都把接班人计划当作公司未来长期的重要活动，那么该计划的推行者就必须有更大的影响力。特别是首席执行官与资深管理团队必须支持接班人计划，明确地表达公司把留住人才与培养人才作为第一要务的态度。

最理想的状态是，由资深主管支持接班人管理制度，而人力资源部门则为整个流程的负责人。接班人管理制度要落实在组织的日常运营管理中，需要各部门经理配合，因为他们站在发现未来人才、评估人才、安排发展机会及所有必要事项的最佳位置。换句话说，人力资源部门应该给一线经理提供工作所需的制度与程序，使他们能在资深管理团队的支持下培养发展人才。

3. 人才辨识系统

好的接班人管理制度能根据员工过去表现、

个人潜力以及企业重视的组织与领导能力，及早辨别出优秀的管理人才。及早辨识出有潜力的人才，是企业的重要任务之一。

定义与辨别人才，是接班人管理制度的基础，目标是准确评估一个人的发展潜力。潜力由3个主要因素组成。

潜力 = 过去绩效 + 领导能力 + 组织能力

曾经的绩效成绩是领导潜力一项好的评价指标。一个人在工作生涯的初期，就有一连串出色表现，在组织里自然建立了良好的形象，因而被设定为企业的未来领袖。

领导能力是指公司绩效最佳的业务单元的领导者所呈现的人格特质。除了有扎实的技术能力外，领导能力通常还包括设计工作优先顺序与解决问题的能力以及能够适应决策环境不稳定性的能力。理想的领导能力，会因组织不同而有差异，且个别组织在不同发展阶段，也会需要不同的领导能力。

组织能力也是公司高度重视的能力。这项能力包括熟练的技术、智商、商业头脑、人际技巧、诚信、可靠的品质以及创造价值与个人效率等各项能力。

成功辨识人才有4项重要原则：

（1）接班人评选过程必须尽量保持简单。评选过程中评估的能力项目越多，接班流程就会变得越难以管理。例如，戴尔电脑使用9种领导能力和5项组织能力，找出未来的领导者。只有接班人评选过程简单易操作，这项评估过程才能发挥最好的效果。因素越多，就越难评估。

（2）只有以具体的方式描述企业所需的能力时，这套辨识能力的系统才能顺利运作，评估过程才不会受到主观看法的干扰。一旦组织对特定能力与行为有不同的评价时，这套系统也可以去除部分可能产生的歧义。

（3）组织应该使用非单一的评分标准来辨识

有潜力的人才。使用多种评估技巧，可以提高评估的有效性。

（4）组织高层领导的几个位置，通常会有指定的接班人选在接受培养。至于下一层的领导位置，多数组织则试图建立一个人才库。这种做法的背后逻辑是，公司将安排许多特殊任务与发展机会给这群人，合适的人选自然会脱颖而出。此外，人才库也提供组织储备的优秀人才，一旦有人才离开公司，递补的领导者就可以随时派上用场。

4. 建立经验与职务之间的联系

有效的接班人管理制度，必须在职位与相关工作经验之间，建立明显的联系。而这样的联系又必须有一系列合乎逻辑的“能力延伸任务”，使候选人做好接任的准备。

具备接班人计划的公司，会运用各项工具，让高层职位与企业活动形成联系。然而关键是，要运用各项工具为每个高潜力的员工打造“个性化”的培养发展计划。

下列是一般企业用来作为个性化培养发展计划的7项工具：

（1）内部领导课程与主管教育。好的领导课程一般会结合网络学习、实际培训课程与研讨会。这些课程的设计，一般是在改善策略思考，鼓励主管“对外聚焦”、采取消费者导向及追求全球性观点等方面。这些课程中的小组讨论也会强化未来领导者的沟通技巧。

（2）特殊工作指派。多数企业相信，最好的学习方式就是在工作中学习。有了这种想法，未来的领导者也通常会被派到特别任务小组，专门解决组织实际面临的重大问题。这种任务活动，包括公司外的会议、专家简报、团队访问等。

（3）导师制与辅导制。多数组织不常使用正式的辅导，反而比较常用其他教育培训机构提供的辅导课程。导师制同样是企业广为使用的人力培养模式之一，一般也是采用非正式的方式，为每位员工指定一位学习导师，这种做法的好处在许多文献中都有介绍。

（4）企业外部与内部大学的课程。大学提供的课程，一般能帮助学员学习到业界最好的做法，并且提供可以创造新知识的场所。目前大学里有许多高级的课程，涉及企业家精神、科技与国际贸易等主题。这些课程可以补充学员的经验，并且帮助学员发展更强的能力。

（5）网络培训课程。许多跨国企业发现，把培训课程放在网站上，是一件有利的事。一般而言，这些课程大都会包括安全、道德、规范以及操作标准等培训内容。部分企业也发展出网络培训课程，包括了解外国同行业的状况、员工薪资规划及其他专业课题。陶氏化学公司提供多达600种的网络课程，一般在一个星期内，所有员工可以完成的课程总数超过1.4万节。有许多公司都在采取类似的做法，并从这些做法中得到了极佳的成效。

（6）职业生涯规划与个人档案。职业生涯规划的意思是，为每个员工拟定一份正式培养发展计划，计划内容尝试让员工的兴趣喜好与未来发展职位互相结合。这份发展计划可以由负责创造升迁机会的管理高层来审阅。管理高层也可以安排能弥补员工能力与经验不足的任务。

（7）绩效管理与360度考核办法。绩效管理的结果通常用在调薪与升迁决定上，然而360度考核办法却在员工发展方面很有效，聪明的企业会明智地交互使用这两种工具。360度考核办法指的是，绩效评估时所使用的资料来源包括顾客、直接下属、同事与上司。绩效管理比较倾向目标导向，会分析若想实现个人目标，必须完成哪些工作。

整体而言，许多组织已发现量化绩效表现的重要性，必须运用许多工具，并且将绩效与未来的工作机会相结合。

5. 评估者

在接班人管理制度中，由评估者决定谁有高潜力、谁能升迁。评估者必须有综合评价各项要素与活动的能力。

为确保一致性与持续性，组织里各个层级的评估者，必须积极参与接班人管理制度。如果员工只依靠老板管理他的职业生涯规划，那么所有异常状况都有可能会发生。例如，不论员工的潜力有多高，他都很难得到比直接上司更高的职位。

评估者必须包括：①你的老板以及老板的老板；②同事；③下属；④内部客户（与你有业务往来的部门）；⑤工作上的导师；⑥培训辅导者；⑦人力资源部门的人员。

如果想让评估者的意见能够发挥实际作用，你必须经常与他们沟通。你必须向他们解释你的职业生涯目标，他们也应该在你有任何阻碍或限制时为你指点迷津。

6. 追踪系统

在接班人管理制度中，“追踪”是指监督进度与成果。好的追踪系统必须有定量与定性的衡量标准，并且会突显整个制度的优缺点。

培养领导型人才是一项长期投资，能否发挥效能，要看这套制度是否有能力适时提供给人才适当的成长机会。追踪个人进步的情况，是接班人管理制度的重要内容之一。

一般而言，组织大多会搜集两种绩效资料：

（1）量化资料。

◎公司空缺职位有多少是要由内部候选人递补，而不是对外招募人才？

◎获得升迁的员工中，是否能包含多个种族、不存在性别歧视？

◎目前的留任率或离职率，随时间有何变化？

◎有多少新上任的人员，在升职后得到正面的工作评价？

（2）非量化的评估与资料。

◎安派到新职位的人，交接期的经验如何，他们是否对新角色做好了准备？

◎交接顺利吗？

◎每个职位是否有足够多的申请人？

◎申请人是否已通过组织提供的发展机会，为新职务做好了准备？

◎申请人是否有适当的工作能力与工作经验？

◎受雇者是否胜任新职位？

◎有没有一套良好的绩效评估工具可以运用？

追踪制度能够帮助管理高层评估接班人管理制度是否真正有效。为了判断这一点，科学技术的作用举足轻重。部分公司使用网络系统来追踪接班人管理制度，有些公司则用简单的试算表来监督成效、分析资料。为了使信息更便于获取与易于了解，所有的操作越简单越好。

7. 成功的衡量标准

要判断接班人管理制度是否有效，必须依靠系统的评价考核标准，双管齐下，才能确保评估制度长期有效，并使制度不断调整与完善。

评价考核接班人管理制度整体的绩效和追踪个人进步的成果一样重要。

接班人管理制度是否成功的评价考核标准有两个：

（1）个别标准。对每个候选人的工作绩效与潜力进行评分。

（2）制度标准。评估职位的空缺有多少是要由内部人事递补，而非对外招募人才。

8. 接班人管理制度的未来

接班人管理制度的未来看起来十分光明。换句话说，现在大家普遍都能接受“人才会直接影响组织表现”这样的观点。由于组织能借接班人管理制度在市场上取得并维持重要的竞争优势，因此该制度势必要成为组织的重要工作。

企业界几项新兴的趋势，将促进接班人管理制度由“人事替换工具”转变为“发展事业与领导能力的工具”。

（1）更强的整合与一致性。一旦接班人规划有更好的整合时，就会从“年度大事”变成常规工作。企业可以将接班人规划定位为整体制度的一部分，而非一系列独立不相干的活动，如此一来就可以提升整合程度。

（2）接班人规划将从 IT 部门移到普通员工身上。随着网络的普及，接班人规划将少了“年度大事”的色彩，变成每周或每天要执行的工作。让员工可以在电脑上持续使用简单工具操作，可以帮助员工加强这种观念，使员工能够负责自己的接班人规划。最后，员工应该时时更新自己的履历表和其他相关信息。

（3）评估变得较为严格，但也比较客观。随着经理人对评估方法越来越熟悉，对员工的评估也会更为客观。

随着接班人规划成为企业越来越重要的议题，挑战就会跟着出现。确切来说会有5方面的挑战：

（1）部分组织会发现没有足够的发展机会。资深主管都是“通才”，然而许多升迁到这些层级的员工，其实都是专业技术人才出身的。由于企业大多根据产品线来规划组织结构，而非根据地理区域，因此有潜力的经理人会越来越难获得跨部门的经验。组织在寻找“管理”角色时，必须越来越主动。

（2）接班人规划将受到时代的影响。上个时代的管理者可能比战后婴儿潮更“不愿意接受”海外的职务。现在许多人生孩子的年龄也在往后延，这意味下个时代的经理人会需要“无外派”的发展任务。外派的机会在未来可能会不如过去吸引人。

（3）在人才的筛选与酬赏上，仍有许多不一致的情况。许多组织都只奖赏符合“目前企业需求”的行为，而没有奖赏符合“企业未来需求”的做法。那么接班人标准随着时间推移变得僵化而失效，便在所难免了。组织在确定何种人才未来会受到重视时，必须往前看，而非往后看。

（4）过度简化领导者选拔标准是危险的。大多数接班人规划，都是基于能力模式之上的，领导者必须精通六七项基本能力，剩下的事自然水到渠成，其实这种思考是有缺陷的。接班人规划必须倾向于有明智判断与远见卓识的未来领导者。

（5）一旦评估结果不幸走漏消息时，360 度考核办法也就失去了效用。由于 360 度考核是从上司、下属与同事等多纬度对一个人进行评估，因此资料负责人必须严控资料外泄。如果资料只作为“个人发展”之用，大家会更注意建议的内容；但如果把评估结果公之于众，这项结果通常会被认为是在发出警告，而不是提供精确的资料。受到评估的员工，会开始寻找有利的意见，而拒绝以平常心看待大家的综合意见，这样将造成各种问题，甚至扭曲。坦白地说，接班人规划使用360度考核办法的频率越高，这项评估工具的效力就越低。

接班人规划的关键在于执行。好的接班人规划制度，若得到首席执行官与资深主管的支持，便能产生长期的效益。为实现这一点，制度不能太繁琐或太官僚。要获得各部门领导者的支持，首先必须让他们觉得这套制度方便好用，而且效果很好。组织需要强而有力的人力资源部门，来帮助协调落实接班人管理制度。为使制度能够有效地反映现状，组织必须不断输入客观准确的人才评估资料；要使制度具有可信度，主管则必须按照制度行事；制度也必须不断改进与完善，要反映组织需求的变化。